Dominic Genest

Aiguillage de requêtes de Data-Mining

Dominic Genest

Aiguillage de requêtes de Data-Mining

Une approche basée sur la méta-classification

Éditions universitaires européennes

Mentions légales/ Imprint (applicable pour l'Allemagne seulement/ only for Germany)

Information bibliographique publiée par la Deutsche Nationalbibliothek: La Deutsche Nationalbibliothek inscrit cette publication à la Deutsche Nationalbibliografie; des données bibliographiques détaillées sont disponibles sur internet à l'adresse http://dnb.d-nb.de.
Toutes marques et noms de produits mentionnés dans ce livre demeurent sous la protection des marques, des marques déposées et des brevets, et sont des marques ou des marques déposées de leurs détenteurs respectifs. L'utilisation des marques, noms de produits, noms communs, noms commerciaux, descriptions de produits, etc, même sans qu'ils soient mentionnés de façon particulière dans ce livre ne signifie en aucune façon que ces noms peuvent être utilisés sans restriction à l'égard de la législation pour la protection des marques et des marques déposées et pourraient donc être utilisés par quiconque.

Photo de la couverture: www.ingimage.com

Editeur: Éditions universitaires européennes est une marque déposée de Südwestdeutscher Verlag für Hochschulschriften Aktiengesellschaft & Co. KG
Dudweiler Landstr. 99, 66123 Sarrebruck, Allemagne
Téléphone +49 681 37 20 271-1, Fax +49 681 37 20 271-0
Email: info@editions-ue.com

Produit en Allemagne:
Schaltungsdienst Lange o.H.G., Berlin
Books on Demand GmbH, Norderstedt
Reha GmbH, Saarbrücken
Amazon Distribution GmbH, Leipzig
ISBN: 978-613-1-53101-9

Imprint (only for USA, GB)

Bibliographic information published by the Deutsche Nationalbibliothek: The Deutsche Nationalbibliothek lists this publication in the Deutsche Nationalbibliografie; detailed bibliographic data are available in the Internet at http://dnb.d-nb.de.
Any brand names and product names mentioned in this book are subject to trademark, brand or patent protection and are trademarks or registered trademarks of their respective holders. The use of brand names, product names, common names, trade names, product descriptions etc. even without a particular marking in this works is in no way to be construed to mean that such names may be regarded as unrestricted in respect of trademark and brand protection legislation and could thus be used by anyone.

Cover image: www.ingimage.com

Publisher: Éditions universitaires européennes is an imprint of the publishing house Südwestdeutscher Verlag für Hochschulschriften Aktiengesellschaft & Co. KG
Dudweiler Landstr. 99, 66123 Saarbrücken, Germany
Phone +49 681 37 20 271-1, Fax +49 681 37 20 271-0
Email: info@editions-ue.com

Printed in the U.S.A.
Printed in the U.K. by (see last page)
ISBN: 978-613-1-53101-9

Résumé

Le forage de données ("data mining") se fait à partir de plusieurs techniques d'apprentissage automatique. Chacune étant propice à extraire des connaissances de nature différente ou dans des contextes différents, il importe de choisir la bonne technique selon le problème posé. Les algorithmes d'apprentissage automatique possédant chacun des forces et faiblesses qui leur sont propres pour divers types de problème de découverte des connaissances à partir de données, certains auront un meilleur taux de succès ou un plus court temps d'exécution que d'autres.

Cet ouvrage propose une méthode pour aiguiller automatiquement diverses requêtes de forage de données vers différents modules d'extraction de connaissances déjà existants selon le type des données à analyser. Cette sélection automatique permettra à un utilisateur non expert de tirer profit de l'apprentissage automatique sans avoir les connaissances nécessaires pour bien choisir un algorithme d'apprentissage automatique, et devrait améliorer l'efficacité en termes de taux d'exactitude de l'hypothèse émise et de temps d'exécution de l'algorithme d'apprentissage automatique choisi.

2

Table des matières

1 Introduction   **11**
   1.1   Diversité des algorithmes d'apprentissage automatique   11
   1.2   Le forage de données   12
   1.3   Organisation de l'ouvrage   14

2 Problématique   **15**
   2.1   L'apprentissage automatique pour forer les données   15
   2.2   La diversité des algorithmes d'apprentissage automatique   15
   2.3   Difficulté de choisir le bon algorithme   16
      2.3.1   Plusieurs paradigmes   16
      2.3.2   Qu'est-ce qui fait qu'un algorithme est meilleur qu'un autre ?   18
      2.3.3   Qui peut être en mesure de choisir un meilleur algorithme ?   19
      2.3.4   Contraintes fortes et contraintes faibles   19
      2.3.5   Les avantages d'automatiser ce choix   21
   2.4   Un exemple de situation nécessitant un choix d'algorithme   22
      2.4.1   Règles de commerce   22
      2.4.2   Découverte de connaissances à partir des règles de commerce   23
      2.4.3   Aiguillage de ces requêtes d'apprentissage automatique . .   23

3 L'état de l'art   **25**
   3.1   Les approches multistratégiques en apprentissage automatique   .   25
      3.1.1   Approche complémentaire   26
      3.1.2   Approche concurrente   27
   3.2   Un outil de sélection d'algorithmes déjà existant   35
      3.2.1   Weka   35
      3.2.2   Weka-Metal   37
      3.2.3   Caractérisation des données proposée par Weka-Metal   . .   37
      3.2.4   Accumulation des méta-exemples   39
      3.2.5   Évaluation du choix d'un algorithme   41
      3.2.6   Élection des voisins   43
      3.2.7   Comparaison des algorithmes   44
      3.2.8   Classement des performances   46
   3.3   Résultats de Weka-Metal   46
   3.4   Manques à Weka-Metal   47

4 Méthode proposée   **49**
  4.1 Constitution de l'aiguilleur 49
  4.2 Construction des méta-exemples 50
      4.2.1 Multiplication des méta-exemples 51
      4.2.2 Deux algorithmes supplémentaires 51
      4.2.3 Méta-exemples depuis des règles de commerce 51
  4.3 Méta-attributs 52
      4.3.1 Caractérisation 52
      4.3.2 Un méta-attribut supplémentaire : la dépendance directe 53
  4.4 Méta-attribut-classe 54
      4.4.1 Discrétisation par seuil 54
      4.4.2 Intervalle de confiance 54
      4.4.3 Quantité d'information 55
      4.4.4 Le taux de succès 57
  4.5 Méta-apprentissage 57
      4.5.1 Algorithmes de méta-apprentissage 58
      4.5.2 Quand méta-apprendre ? 58
  4.6 Aiguillage 58
      4.6.1 Caractérisation de la nouvelle base de données 59
      4.6.2 Sélection d'un algorithme parmi les candidats 59
      4.6.3 Candidats issus d'un méta-attribut-classe booléen 59
      4.6.4 Candidats issus d'un méta-attribut-classe avec intervalle
           de confiance 59
      4.6.5 Candidats issus des autres types de méta-attributs-classe 60
  4.7 Validation 60
      4.7.1 Validation croisée pour le méta-apprentisseur 61
      4.7.2 Accumulation de l'erreur 61

5 Expérimentations et résultats   **63**
  5.1 Les algorithmes et les données 63
  5.2 Utilisation d'un seuil 64
      5.2.1 Choix d'un seuil 64
      5.2.2 Description des expérimentations 67
      5.2.3 Résultats 67
  5.3 Nom du meilleur algorithme comme méta-attribut-classe 68
  5.4 Comparaison avec un aiguilleur effectuant un choix au hasard . . 70
  5.5 Comparaison avec un aiguilleur effectuant un choix constant . . . 70
  5.6 Comparaison avec Weka-Metal 71
  5.7 Résultat : le meilleur aiguilleur 71

6 Conclusion   **73**
  6.1 Limites 73
      6.1.1 Paramètres des algorithmes d'apprentissage 73
      6.1.2 Validité des tests effectués 74
  6.2 Développements futurs 74

6.2.1   Interprétabilité des hypothèses apprises selon l'algorithme choisi   74
6.2.2   Tirer profit des noms des attributs   74
6.2.3   Plus de tests   74
6.2.4   Paramétrisation des apprentisseurs   75

A   Les mesures statistiques *Skewness* et *Kurtosis*   **77**
A.1   Kurtosis   77
A.2   Skewness   77

Bibliographie   **78**

Liste des tableaux

1.1   *Donnée* versus *information* versus *connaissance*   13

2.1   Certains avantages des réseaux neuronaux   18
2.2   Certains avantages des arbres de décision   18
2.3   Contraintes fortes des algorithmes d'apprentissage automatique faisant partie de l'utilitaire Weka   21
2.4   Exemples d'apprentissage automatique générés à partir de la règle de commerce illustrée par une règle de commerce   24

3.1   Les algorithmes d'apprentissage automatique inclus dans l'outil Weka   36
3.2   Caractérisation de quelques bases de données de la UCI   40
3.3   Quelques méta-exemples accumulés par Weka-Metal   42
3.4   Exemple de calculs de valeurs SRR   43
3.5   Exemple de calculs de valeurs ARR pour k = 2.1   44
3.6   Exemple de calcul d'$\overline{ARR}$ 45
3.7   Exemple de calcul d'$\overline{ARR}$ 46
3.8   Exemple de réponse donnée par Weka-Metal pour une nouvelle base de données qui lui est soumise   46

4.1   Choix d'attribut-classe possibles pour la base de données "Labor" avec un algorithme de type C4.5   52
4.2   Exemple de méta-exemples pour l'algorithme Decision Table avec un seuil de 0,80 et un intervalle de confiance de 0,90   56
4.3   Exemple de réponses de plusieurs méta-apprentisseurs sur une nouvelle bases de données à aiguiller, avec un méta-attribut-classe par seuil avec intervalle de confiance   60

5.1   Algorithmes utilisés pour les expérimentations   64
5.2   Bases de données utilisées pour les expérimentations   65
5.3   Comparaison de différents seuils pour les expérimentations du cas général   66
5.4   Distribution des valeurs possibles pour l'attribut-classe des méta-exemples   67

5.5   Meilleurs méta-apprentisseurs 68

5.6   Taux de succès pour différents méta-apprentissages avec un méta-attribut-classe indiquant le nom du meilleur algorithme 69

5.7   Ajout moyen au taux d'erreur pour différents méta-apprentissages pour un méta-attribut-classe indiquant le nom du meilleur algorithme 69

5.8   Accumulation de l'erreur pour les choix constants 71

5.9   Résultats de Weka-Metal pour différents k 72

5.10 Méta-attributs utilisés par le deuxième meilleur aiguilleur 72

Table des figures

1.1 Aiguilleur de requêtes d'apprentissage automatique 13

2.1 Quelques modes de représentation des concepts appris par des algorithmes utilisant (a) un arbre de décision, (b) un réseau de neurones, et (c) un algorithme génétique 17
2.2 Sélection d'un algorithme par les contraintes fortes et par les contraintes faibles 20
2.3 Exemple d'une règle de commerce utilisée par une compagnie, puis d'un extrait de base de données sur laquelle cette règle serait applicable 22

3.1 Les deux approches en apprentissage automatique multistratégique : (a) complémentaires et (b) concurrentes 26
3.2 L'approche complémentaire de l'apprentissage automatique multistratégique 27
3.3 L'approche concurrente de l'apprentissage automatique multistratégique 28
3.4 Vote simple 29
3.5 Vote pondéré 30
3.6 Détermination des poids aux différents apprentisseurs, préalablement au vote pondéré 31
3.7 Un arbre d'arbitres 33
3.8 Possibilités de données à transmettre au décideur pour les systèmes hybrides 34
3.9 Projections appliquées aux valeurs ARR pour chaque paire d'algorithmes candidats 45

4.1 L'aiguilleur automatique de requêtes d'apprentissage automatique 50

Chapitre 1

Introduction

La complexité du monde a incité l'homo-sapiens à utiliser le silex pour remédier au manque d'efficacité de l'utilisation des mains nues pour ses tâches quotidiennes. Les humains ont alors commencé à utiliser l'outil, et à tirer de plus en plus profit d'extensions du corps humain de toutes sortes. C'est probablement en Sumer et en Égypte, lors de l'apparition des premières formes d'écriture, que l'on a commencé à comprendre que l'élaboration d'outils qui serviraient d'extensions au cerveau pourraient être aussi révolutionnaires.

La montée de la technologie du vingtième siècle est sans doute la période où l'on a pris conscience de l'éventail des possibilités d'extensions du cerveau qui s'offraient au monde grâce à l'arrivée de l'ordinateur. L'une de ces tâches intellectuelles que les humains tentent ces années-ci activement de comprendre, de modéliser et d'automatiser est l'apprentissage, d'où la branche de l'intelligence artificielle nommée *apprentissage automatique*.

1.1 Diversité des algorithmes d'apprentissage automatique

De nombreuses techniques d'apprentissage automatique ont émergé au fil des années, et les recherches effectuées en ce sens donnent des résultats intéressants dans plusieurs domaines d'application.

On reconnaît à chaque algorithme ses forces et ses faiblesses dans différents domaines ou différents types de problèmes d'apprentissage, et les expériences aident à les identifier de mieux en mieux. Certains sont plus sensibles aux données bruitées ; d'autres seront plus performants que les autres lorsque la quantité de données est grande. Certains algorithmes d'apprentissage automatique requièrent des données représentées sous une forme particulière ; certains seront moins affectés que d'autres par des attributs manquants, etc. Ces découvertes nous amènent à penser à des systèmes qui soient capables de profiter des forces de plusieurs de ces algorithmes et de combiner leurs efforts afin de mieux traiter un problème précis d'apprentissage automatique.

Afin d'élaborer un système qui tire profit d'une telle combinaison de plusieurs algorithmes, il faut d'abord établir l'identification des forces et faiblesses de chacun, puis identifier et utiliser un lien entre elles et les données qui doivent être soumises à un apprentissage automatique. La comparaison du comportement des algorithmes entre eux face à une même situation, ou plutôt face aux mêmes données sur lesquelles apprendre, peut elle-même être faite de façon implicite par un apprentisseur automatique.

Plus grande sera la sélection d'algorithmes d'apprentissage automatique à laquelle aura accès le système, meilleures sont les chances qu'il réussisse à en élir un qui soit particulièrement efficace dans le traitement du problème posé.

1.2   Le forage de données

En parallèle avec les innovations sur la théorie de l'intelligence artificielle, ou probablement en concommitence avec elle, les possibilités plus techniques de stockage d'information ont explosé ces dernières décennies, donnant lieu à d'énormes bases de données riches en information.

On n'a qu'à imaginer la taille que peuvent prendre des bases de données telles les ventes d'énormes entreprises comme Walmart, les pages web indexées par Google, ou des cartes géographiques planétaires détaillées, pour constater à quel point certains travaux d'analyse seraient difficilement réalisables à l'aide de méthodes traditionnelles.

L'ampleur de ces quantités de données impose un fastidieux travail d'analyse avant de pouvoir en exploiter les connaissances qu'elles renferment. L'intérêt d'automatiser cette tâche est évident. Par exemple, une base de données pourrait témoigner d'un phénomène particulier et intéressant détectable d'après une certaine relation entre ses différents attributs, et ce pour une certaine période de temps. Il pourrait être extrêmement difficile pour un analyste utilisant des méthodes conventionnelles si la base de données en question est volumineuse, que ses attributs sont variés et nombreux et que la relation à découvrir est le moindrement complexe.

Une différence proposée par [GS00], et généralement admise, entre les notions de *donnée*, d'*information* et de *connaissance* suggère que les informations expriment l'interprétation d'une donnée dans un certain contexte, et que les connaissances soient une organisation et un enrichissement des données tels qu'on puisse en inférer des réponses intéressantes à d'éventuelles questions, ou des comportements préférables face à d'éventuelles situations. Les connaissances s'expriment souvent sous forme de règles que les humains génèrent quotidiennement à partir des données fournies par leur expérience. On considère alors que ces données sont les exemples ou les contre-exemples de solutions à adopter face à une situation. C'est ce qui est illustré par le tableau 1.1.

De la même façon, à partir des bases de données industrielles, nous pouvons extraire des connaissances. En considérant ces données comme des exemples d'apprentissage, il est possible d'utiliser directement des algorithmes d'apprentissage automatique supervisé à cette fin. Cette procédure est souent appelée

	Caractéristique	Exemple
Donnée	Non interprétée, brute	00001001 00000001 00000001
Information	Un sens est attaché à la donnée	Tél. : 9 1 1
Connaissance	Une règle est exprimée	Alerte -¿ Procédure d'urgence

TAB. 1.1 – *Donnée* versus *information* versus *connaissance*

forage de données.

Un système peut avoir à faire face à des problèmes de forage de données variés selon la nature de ce qui est à apprendre, et la nature des données impliquées. Ce système, à moins d'être utilisé par un expert qui sait déterminer la pertinence relative des différents algorithmes d'apprentissage automatique disponibles pour résoudre le problème, devra être en mesure de sélectionner automatiquement l'algorithme le plus approprié à chaque problème. Cette sélection se compliquera d'autant plus si le temps alloué à l'apprentissage automatique est limité.

Cet ouvrage porte sur l'automatisation de la sélection d'un algorithme d'apprentissage automatique. Dans les expériences dont il traite, les critères de sélection d'algorithme d'apprentissage automatique sont eux aussi automatiquement appris. Le problème de déterminer lequel des algorithmes d'apprentissage automatique est approprié se pose donc une nouvelle fois, à un autre niveau. On parlera alors de *méta-apprentissage*. Il s'agit donc d'élaborer un système qui automatise la sélection du meilleur algorithme, pour une requête d'apprentissage automatique donnée, parmi plusieurs algorithmes disponibles, tel qu'illustrés par la figure 1.1.

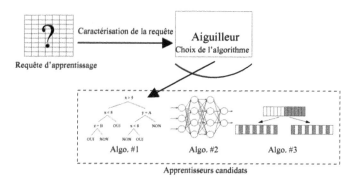

FIG. 1.1 – Aiguilleur de requêtes d'apprentissage automatique

1.3   Organisation de l'ouvrage

Dans un premier temps, le chapitre 2 explique ce qui motive le fait de vouloir aiguiller automatiquement des requêtes d'apprentissage automatique en vue d'en faire de la découverte de connaissances, en détaillant la difficulté de le faire manuellement et en expliquant le problème. Ensuite, le chapitre 3 couvre les méthodes déjà existantes pour répondre en partie au problème, précise la partie de ces méthodes qui a été retenue afin de réaliser le présent projet, et expose plus précisément la partie du problème qu'il reste à combler.

Le chapitre 4 explique la façon dont ce projet tente de répondre au problème de l'aiguillage automatique de requêtes de découverte de connaissances à partir de données, en détaillant ce qui a été ajouté aux méthodes existantes, traitées au chapitre 3. Le chapitre 5 présente les tests effectués sur la méthode proposée et les résultats obtenus.

Enfin, le chapitre 6 propose des possibilités de travaux futurs, ou d'amélioration au système proposé, lesquels pourraient faire l'objet de recherches à venir.

Chapitre 2

Problématique

2.1 L'apprentissage automatique pour forer les données

Tel qu'énoncé plus haut, le forage de données est la discipline qui étudie les façons d'automatiser l'analyse des grandes quantités de données afin d'en extraire des *connaissances* plus intéressantes, et idéalement plus expressives, pour le contexte dont elles sont issues. De telles connaissances, inférées par un outil d'apprentissage automatique, corresponderont le plus souvent à un ensemble de règles qui permettra de déduire éventuellement des informations qui ne sont pas facilement inférables à partir des données originales. Par exemple, on pourra procéder à l'extraction de connaissances dans une base de données afin de prédire le comportement d'un système dans l'avenir, face à une situation nouvelle.

2.2 La diversité des algorithmes d'apprentissage automatique

Le fruit des nombreuses années de recherche en apprentissage automatique peut se décrire en un ensemble d'algorithmes fort diversifiés, en ce sens que chacun répond souvent très bien à un type de situations relativement restreint, et répondra moins efficacement à d'autres. Les publications scientifiques de ce domaine proposent la plupart du temps un algorithme en démontrant son intérêt face à un problème d'apprentissage posant une difficulté dont la particularité peut dépendre de la nature des données impliquées, ou de la nature de la requête. La proposition d'une technique peut aussi consister en une paramétrisation spécialisée d'un algorithme connu, afin d'optimiser son succès pour la situation présentée.

2.3   Difficulté de choisir le bon algorithme

Nous l'avons mentionné plus haut, les algorithmes disponibles afin d'exercer l'apprentissage automatique, que ce soit en vue de pratiquer le forage de données ou une autre discipline. sont nombreux et variés. Les raisons pour lesquelles on peut préférer un algorithme à un autre, pour un problème donné, sont variées.

TODO : Vérifier que les trois prochaines références sont correctes quand "bibtex" marchera.

Par exemple, Stamatatos et Widmer [?] ont utilisé plusieurs classificateurs simples pour élaborer un système étant capable de reconnaître un pianiste à son interprétation d'une pièce de Frédéric Chopin. Ces chercheurs justifient ce choix par la petite taille de l'ensemble d'entraînement dont ils disposent.

Plusieurs sentent même le besoin de créer un nouvel algorithme afin de mieux répondre aux besoins d'un problème particulier. C'est ce qu'on fait Labroche, Monmarché et Venturini [?] afin de procéder à une classification automatique des éléments chimiques perçus par les fourmis, en vue de mieux comprendre le jugement dont elles font usage pour distinguer les intrus des membres de leur nid. Pour tester leur algorithme, il leur a fallu comparer leurs résultats avec ceux de l'algorithme K-MEANS (le "ref 7" de l'article). Dans ce cas, le choix de comparer leur nouvel algorithme avec cette technique est motivé par le simple fait qu'il a été établi, par des expérimentations effectuées auparavant, que cet algorithme donnait de bons résultats pour ce type de problème précis.

Certaines contraintes plus drastiques peuvent aussi survenir, par exemple quand une situation nécessite l'utilisation d'un algorithme incrémental. Il s'agira de contextes, selon Langley [?], pour lesquels les exemples sont présentés un par un et qui requièrent que les exemples précédents ne soient pas traités à nouveau. Voilà une autre contrainte dont il est possible d'avoir à tenir compte lors de la pratique de la découverte de connaissances.

Un expert en apprentissage automatique utilisera souvent certains critères comme le nombre d'attributs dans la base de données sur laquelle on désire pratiquer la découverte de connaissances, la proportion de ces attributs qui sont numériques versus ceux qui sont nominaux, le nombre de valeurs possibles pour l'attribut qu'on désire prédire, et ainsi de suite. La présence de valeurs manquantes, la distribution des valeurs numériques, et d'autres aspects statistiques des données à traiter peuvent aussi influencer le choix de l'algorithme.

2.3.1   Plusieurs paradigmes

La taxonomie des algorithmes d'apprentissage automatique les divise d'abord en deux grandes classes : ceux permettant l'apprentissage supervisé, c'est-à-dire à partir d'exemples déjà associés correctement avec une valeur de l'attribut-classe ; et ceux réalisant des tâches d'apprentissage non supervisé, c'est-à-dire la classification automatique. Pour cet ouvrage, nous nous limiterons à l'étude des algorithmes d'apprentissage supervisé.

Parmi ceux-ci, il est d'usage de distinguer les principaux groupes d'apprentissage suivants :

- Les classificateurs par arbres de décisions
- Les réseaux neuronaux
- Les réseaux bayésiens
- Les algorithmes génétiques
- Les combinaisons d'apprentisseurs
- etc.

Chacun de ces groupes d'apprentisseurs est représenté par plusieurs algorithmes possédant des caractéristiques communes, et des liens entre ces caractéristiques et le type de problème de découverte de connaissances posé ou le
type de données à analyser sont existants, mais parfois difficiles à établir de façon
formelle et générale. De plus, chacun implique l'utilisation d'une représentation
bien définie du concept appris. Par exemple, un arbre de décision, un réseau
de neurones et le croisement de deux *individus* d'un algorithme génétique, tel
qu'illustrés de façon schématique par la figure 2.1.

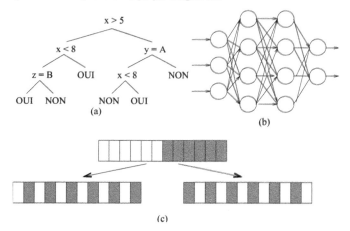

FIG. 2.1 – Quelques modes de représentation des concepts appris par des algorithmes utilisant (a) un arbre de décision, (b) un réseau de neurones, et (c) un
algorithme génétique

À titre d'exemple, la comparaison entre les algorithmes utilisant des réseaux
neuronaux et ceux générant des arbres de décision illustre les motivations de
choisir judicieusement un algorithme d'apprentissage automatique. Les encadrés
2.1 et 2.2 citent quelques avantages des algorithmes d'apprentissage automatique
faisant partie des paradigmes des réseaux neuronaux et des arbres de décision.

Notamment, un expert en apprentissage automatique ayant accès à ces deux
algorithmes sera porté à utiliser le réseau de neurones s'il se trouve en présence

Avantages des réseaux neuronaux

- Traitement aisé des variables continues, exprimées sous forme de nombres réels.
- Capacité de représenter n'importe quelle dépendance fonctionnelle.
- On peut souvent lui passer directement des données sans intermédiaire, sans traduction, discrétisation, simpification ou interprétation sujette à des erreurs.
- Résistance au bruit ou au manque de fiabilité des données.
- Simple à manier.
- Comportement souvent acceptable même si la quantité de données est faible.
- Plusieurs modèles continus et dérivables existent et se prêtent bien à la visualisation, à une recherche de profils-type (par ascension du gradient de probabilité prédite), au calcul de sensibilités (par dérivation partielle), etc.

TAB. 2.1 – Certains avantages des réseaux neuronaux

Avantages des arbres de décision

- Traitement aisé des variables discrètes
- Possibilité de traduire le concept appris en un ensemble de règles correspondant exactement au résultat de l'apprentissage.
- Représentation visuelle intéressante
- Apprentissage rapide

TAB. 2.2 – Certains avantages des arbres de décision

de données fortement numériques. À l'inverse, il utilisera probablement un arbre de décision lorsque les données sur lesquelles un apprentissage est nécessaire sont plutôt discrètes.

2.3.2 Qu'est-ce qui fait qu'un algorithme est meilleur qu'un autre ?

La plupart du temps, c'est la performance de l'algorithme proposé qui est comparée à celle d'autres algorithmes plus populaires, en la mesurant à partir de la proportion d'exemples qu'on aura choisi en guise d'ensemble de test et qui sont résolus correctement par le résultat de l'apprentissage. C'est ce qui est expliqué plus en détails à l'annexe ??.

On peut aussi préférer un algorithme à un autre pour son efficacité à traiter un problème. Dans certains environnements, une technique rapide sera préférée à une technique optimale par rapport à l'exactitude des concepts qu'elle apprend, même au prix de certaines erreurs. Notamment, certains systèmes embarqués devant réagir en temps réel impliqueront vraisemblablement une contrainte de temps.

2.3.3 Qui peut être en mesure de choisir un meilleur algorithme ?

L'application du forage de données en milieu industriel s'étant popularisée, plusieurs utilisateurs non experts en forage de données désirent en tirer profit.

Tel que démontré dans les sections précédentes, le choix d'un algorithme d'apprentissage automatique demande une connaissance générale des algorithmes disponibles, de leurs forces et de leurs faiblesses. De plus, il est difficile de vulgariser des règles générales de sélection d'un algorithme de façon à ce qu'un utilisateur non expert réalise ce choix de façon aisée.

2.3.4 Contraintes fortes et contraintes faibles

Nous appelons *contraintes fortes* les critères de sélection dont le but n'est pas seulement d'améliorer un résultat, mais plutôt de permettre qu'il y ait un quelconque résultat. Par exemple, certains algorithmes ne sont tout simplement pas utilisables avec des données numériques

Dans le tableau 2.3, les différents apprentisseurs de l'utilitaire Weka, que nous expliquerons à la section 3.2.1 et qui ont servi à notre travail, sont comparés en termes de contraintes fortes. Une étoile dans la colonne "Classe num." indique que l'algorithme en question permet que l'attribut-classe soit numérique, la colonne "Classe nom." indique la possibilité d'utiliser des données ayant un attribut-classe nominal, puis une étoile dans la colonne "Classe bin." signifie que l'algorithme permet la présence d'un attribut-classe binaire. La colonne "Atts. num." indique la possibilité d'utiliser des données présentant un quelconque attribut numérique. Ainsi, l'algorithme Hyper Pipes interdit catégoriquement l'utilisation d'une base d'exemples dont l'attribut-classe serait numérique.

Les contraintes faibles, quant à elles, visent à améliorer le choix de l'algorithme selon les mesures d'efficacité indiquées à la section 2.3.2. Elles consistent en des règles qui permettent d'*améliorer* le choix. L'utilisation d'un algorithme choisi sans respecter les contraintes faibles permettrait quand même de réaliser un apprentissage ; ce dernier serait simplement moins bon.

Deux étapes sont donc impliquées par le choix d'un algorithme d'apprentissage automatique en vue de faire de la découverte de connaissances dans une base de données : l'utilisation des contraintes fortes en vue de déterminer les candidats possibles, puis l'utilisation des contraintes faibles afin de faire le meilleur choix possible. Ces deux étapes sont illustrées par la figure 2.2.

Étant donné que nous pouvons considérer l'automatisation des contraintes fortes comme étant triviale, la méthodologie et les expérimentations effectuées dans le cadre de ce projet se penchent sur la partie visant à *améliorer le choix de*

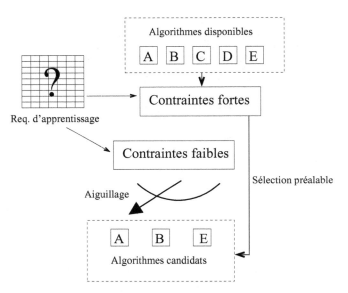

FIG. 2.2 – Sélection d'un algorithme par les contraintes fortes et par les contraintes faibles

Apprentisseur	Classe num.	Classe nom.	Classe bin.	Atts. num.
Decision stump	*	*	*	*
Decision tables	*	*	*	*
IB1	*	*	*	*
KStar	*	*	*	*
LinearRegression	*			*
LWR	*			*
M5Prime	*			*
Neural network	*	*	*	*
Hyper pipes		*	*	*
ID3		*	*	
J48		*	*	*
Kernel Density		*	*	*
Logistic			*	*
NaiveBayes		*	*	*
OneR		*	*	*
Prism		*	*	
SMO			*	*
VotedPerceptron		*	*	*
VFI		*	*	*
LogitBoost		*	*	*
SWNeural	*	*	*	*
SWC45	*	*	*	*

TAB. 2.3 – Contraintes fortes des algorithmes d'apprentissage automatique faisant partie de l'utilitaire Weka

l'algorithme, donc sur la génération automatique et l'utilisation des contraintes faibles.

2.3.5 Les avantages d'automatiser ce choix

Tel que mentionné par [GS00], et ce fait est basé sur des écrits philosophiques matures, les connaissances utilisées par un expert peuvent être de deux ordres : les *connaissances tacites* et les *connaissances explicites*. La théorie de l'ingénierie des connaissances mentionne en effet que la connaissances utilisée par un expert est souvent difficile à énoncer pour les individus la possédant.

C'est fort probablement le cas de ce qui porte un expert à choisir, par exemple, un réseau neuronal plutôt que l'algorithme C4.5 pour une tâche de découverte de connaissances donnée. Des règles formelles et généralement acceptées qui permettraient d'orienter le choix d'un algorithme d'apprentissage automatique en vue d'augmenter les performances, en termes de durée d'exécution ou de précision des résultats, est manquant.

Ce manque est la principale raison pour laquelle nous choisirons, dans le cadre de ce projet, de réaliser un système permettant lui-même de se générer

des règles lui permettant d'orienter le choix d'un bon algorithme. Les détails de
ce système seront précisés au chapitre 4. Mais avant, le chapitre 3 explique quels
sont les systèmes existants sur lesquels sont basés les travaux de ce projet.

2.4 Un exemple de situation nécessitant un choix d'algorithme

La compagnie Speedware a élaboré deux algorithmes d'apprentissage automatique. L'un utilise un réseau neuronal, et l'autre emploie l'algorithme C4.5
de Quinlan, décrit dans [Qui93]. Cette compagnie désire rendre ces deux algorithmes accessibles aux utilisateurs de leurs systèmes. Cependant, ces utilisateurs n'auront pas nécessairement l'expertise requise afin de bien choisir l'algorithme en fonction de la nature des données et de la requête de forage de
données. L'automatisation de ce choix s'avère donc intéressante pour eux.

2.4.1 Règles de commerce

Les données de vente des clients de la compagnie prennent la plupart du
temps un volume considérable, sont constamment mises à jour et des données y
sont ajoutées en temps réel. Les utilisateurs de ces bases de données désirent être
avertis lorsqu'un phénomène particulier survient. Un logiciel développé par la
compagnie permet d'activer un avertissement automatiquement lorsque survient
un cas particulier. Dans ce système, la description de certaines règles activant un
avertissement se fait à l'aide d'une disjonction de conjonctions de comparaisons
d'attributs à des valeurs.

Ainsi, la figure 2.3 montre un exemple de ces règles appelées *business rules*
(règles de commerce) et d'un extrait d'une base de données sur laquelle cette
règle serait applicable. Elle avertira l'utilisateur, en temps réel, à l'aide d'un
système que la compagnie a déjà implanté, d'un phénomène particulier dans
la base de données afin que les gestionnaires que cela concerne puissent réagir
rapidement à la situation.

Règle de commerce : Profit > 100 000 $ ET Jour = Dimanche

#	Jour	Pays	Saison	Profit	Température
1	lundi	Canada	été	50 000	28
2	mercredi	É.-U.	automne	95 000	18
3	dimanche	France	hiver	125 000	12
4	dimanche	Japon	hiver	105 000	18
5	dimanche	Japon	printemps	112 000	27
6	mardi	Espagne	été	22 000	36
	...	...	...	...	...

FIG. 2.3 – Exemple d'une règle de commerce utilisée par une compagnie, puis
d'un extrait de base de données sur laquelle cette règle serait applicable

2.4.2 Découverte de connaissances à partir des règles de commerce

Cette compagnie désire aussi que ses clients soient informés des causes probables de l'avènement des situations concernées par la condition impliquée dans les règles de commerce. Il sera donc intéressant pour eux d'avoir un système qui puisse automatiquement extraire des connaissances sur une base de données générée de façon à considérer comme exemples positifs les cas où l'avertissement en question est survenu dans le passé selon une règle de commerce, et comme exemples négatifs les cas où l'avertissement n'avait pas à être généré.

Ainsi, on devrait pouvoir avoir une meilleure idée, à partir du résultat d'un tel apprentissage, des relations possibles entre les différents attributs des données et le déclenchement de la règle de commerce. Ces relations peuvent donner une idée de la cause de l'évènement, ou du moins d'un phénomène qui correspond souvent à celui observé, en termes des autres attributs que ceux qui le décrivent directement. Le résultat de ces apprentissages servira non seulement à tenter une explication des cas particuliers décrits par les règles de commerces, mais aussi à prévoir de tels événements s'ils sont indésirables, ou même à les provoquer s'ils sont souhaitables.

Une table d'exemples d'apprentissage automatique, telle que celle illustrée par le tableau 2.4, peut donc être élaborée à partir de ces situations. Il s'agit, pour ce faire, de récupérer les données de vente en y ajoutant un attribut booléen, qui prendra la valeur *vrai* s'il s'agit d'un cas où l'avertissement est levé, ou *faux* s'il s'agit d'un cas où l'avertissement n'est pas levé par la règle de commerce en question.

De plus, les attributs présents dans la condition de la règle doivent être supprimés de la table d'exemples, puisque nous désirons, lors de l'apprentissage, découvrir une façon de *prédire* cette situation dans l'avenir, donc par les autres attributs que ceux qui permettent de la *constater*. Notons qu'exécuter un algorithme d'apprentissage automatique sur une base de données qui contiendrait les attributs ayant servi à générer de façon triviale l'attribut-classe génèrerait un concept qui se traduirait par d'inintéressantes tautologies. Par exemple, nous ne pourrions conclure rien de plus de cet apprentissage que des explications vides d'information telles que "Le profit dépasse x\$ le dimanche lorsque profit ¿ x\$ et jour = dimanche".

Une fois cette base de données construite (voir tableau 2.4), un algorithme d'apprentissage automatique peut être lancé afin de donner une explication à l'utilisateur sur ce qui a pu générer la situation inusitée décrite par la règle de commerce, et tenter de prédire l'avènement de cette situation dans le futur.

2.4.3 Aiguillage de ces requêtes d'apprentissage automatique

La compagnie a développé deux algorithmes d'apprentissage automatique. Le premier utilise un réseau de neurones, puis le second emploie l'algorithme C4.5 développé par Quinlan, décrit dans [Qui93]. De plus, d'autres algorithmes

Pays	Saison	Température	*Règle vérifiée*
Canada	été	28	*faux*
É.-U.	automne	18	*faux*
France	hiver	12	*vrai*
Japon	hiver	18	*vrai*
Japon	printemps	27	*vrai*
Espagne	été	36	*faux*
...	...	...	...

TAB. 2.4 – Exemples d'apprentissage automatique générés à partir de la règle de commerce illustrée par une règle de commerce

seront ajoutés au système dans l'avenir.

Étant donné la nécessité de donner *rapidement* un maximum d'informations les plus précises possibles aux utilisateurs, les aspects *précision* et *efficacité* du système sont importants, et il est intéressant pour eux, lors de chaque requête d'apprentissage automatique, de choisir l'algorithme le plus approprié parmi ceux disponibles. De plus, les requêtes d'apprentissage automatique sont soumises au système par un utilisateur non expert qui ne sera pas en mesure de décider si c'est l'algorithme à base de réseau neuronal, d'arbre de décision, ou un autre qui sera approprié à la requête en question.

Il s'agit donc d'une situation où automatiser ce choix s'avère intéressant.

Chapitre 3

L'état de l'art

Ce projet devrait permettre, par l'automatisation d'un choix d'algorithme d'apprentissage automatique, d'améliorer le taux de performance sur la découverte de connaissances effectuée sur des données. Il s'agit donc de l'élaboration d'un système faisant intervenir plusieurs algorithmes différents d'apprentissage automatique. Le présent examen de l'état de l'art se penche donc sur les recherches qui ont été faites par rapport aux combinaisons de différentes stratégies d'apprentissage, que l'on nomme *approches multistratégiques*.

Dans un premier temps, divers systèmes utilisant une approche multistratégique sont étudiés. Ceux-ci donnent une vue d'ensemble de la possibilité de faire coopérer plusieurs algorithmes d'apprentissage automatique différents.

Ensuite, un système en particulier attire notre attention, puisqu'il correspond plus précisément à la tâche qui nous intéresse : l'aiguillage des requêtes. On décrit donc ce système, appelé *WekaMetal*, puis on identifie certains manques qui sont comblés par le projet, tel que décrit au chapitre suivant.

3.1 Les approches multistratégiques en apprentissage automatique

Les approches multistratégiques en apprentissage automatique proposent d'utiliser conjointement différents algorithmes existants afin de tirer profit des avantages et des faiblesses de chacun. Ainsi, on vise l'élaboration d'un système mieux adapté à la résolution d'un problème d'apprentissage. On distingue deux classes de systèmes d'apprentissage automatique multistratégiques : les approches *complémentaires* et les approches *concurrentes*.

Pour la première, l'approche complémentaire, il s'agit du défi d'intégrer des algorithmes d'apprentissage automatique, de façon à ce que les uns aident les autres dnas leurs tâches, ou se complètent pour accomplir ensemble une tâche qu'un seul ne pourrait accomplir sans l'aide des autres.

Par ailleurs, lorsqu'on parle d'apprentissage automatique multistratégique par l'approche concurrente, plusieurs apprentisseurs sont employés pour solutionner un même problème. La figure 3.1 illustre cette dichotomie.

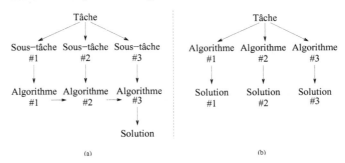

(a)   (b)

FIG. 3.1 – Les deux approches en apprentissage automatique multistratégique : (a) complémentaires et (b) concurrentes

3.1.1   Approche complémentaire

La première approche consiste à solutionner un problème en décomposant la tâche d'apprentissage en plusieurs sous-tâches, et d'affecter un module d'apprentissage approprié pour chacune de celles-ci. L'analyse de plusieurs contextes où le besoin d'un système apprenant automatiquement se fait sentir peut révéler utile le fait de combiner différents apprentisseurs. L'apprentissage automatique est un domaine qui inclut différentes tâches dont la classification, l'extraction de connaissances, l'induction, l'abduction, la génération d'exemples, etc. De la même façon, différents algorithmes d'apprentissages existent et certains sont plus appropriés à certains problèmes qu'à d'autres. On identifie des problèmes pouvant se décomposer en différentes tâches d'apprentissage, et ces derniers sont ceux ciblés par les approches multistratégiques complémentaires. Parmi ceux-ci, on compte l'amélioration d'une théorie, l'amélioration d'un système de classification et la sélection d'attributs. Ce sont les trois exemples qui seront étudiés dans cette section.

Cette approche vise à décomposer le problème et à modulariser chacune des composantes identifiées. Les problèmes visés par ce paradigme sont ceux pour lesquels il est difficilement concevable de ne réaliser qu'un algorithme apprenant, puisque leur nature elle-même consiste à reconnaître plusieurs concepts de types différents et ayant des rôles différents, et ce, de façon indépendante. La figure 3.2 indique de façon schématique qu'à chaque sous-tâche est associé un module d'apprentissage, puis que ces modules peuvent interagir.

Parmi les expériences issues des techniques multistratégiques complémentaires, on compte plusieurs systèmes qui ont été élaborés et qui ont permis d'augmenter

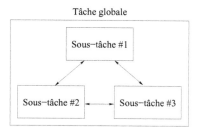

Tâche globale

FIG. 3.2 – L'approche complémentaire de l'apprentissage automatique multi-stratégique

la fiabilité des concepts appris. Notamment, EITHER [eGT94a] est un système qui vise l'amélioration d'un ensemble de règles à l'aide d'un système combinant des modules d'abduction, de déduction et d'induction. Lawrence Hunter (National Library of Medicine) a développé, elle, un réseau de neurones afin d'atteindre le même but que EITHER, dans un autre domaine [eGT94b]. Des expériences ont aussi été élaborées en ce sens pour améliorer un système de classification et générer un concept qui lie les exemples aux classes découvertes à l'aide de deux modules d'apprentissage automatique. Puis, Vafaie et De Jong [eGT94c] ont regroupé un algorithme génétique et un apprentisseur à base de règles pour effectuer une sélection d'attributs automatique.

3.1.2 Approche concurrente

La deuxième approche consiste à combiner différents apprentisseurs de façon à ce qu'ils atteignent un même but, un même concept, tel qu'illustré à la figure 3.3. À chaque apprentisseur peut être donné le même ensemble d'exemples, ou un sous-ensemble d'exemples disjoint de celui donné aux autres.

Les problèmes solutionnés par ce type de système sont des problèmes d'apprentissages singuliers, en ce sens qu'ils pourraient être solutionnés par un seul algorithme d'apprentissage automatique. Ce n'est donc pas la nature du problème à régler qui impose le choix de cette approche. En élaborant un système de ce type, on tente donc de combiner la force de plusieurs apprentisseurs afin d'augmenter la précision ou l'efficacité de l'apprentissage. De plus, ces systèmes, étant donné qu'ils procèdent en effectuant un apprentissage à l'aide de plusieurs algorithmes en même temps, peuvent tirer profit du parallélisme.

Les concepts trouvés par les différents apprentisseurs d'un système multi-stratégique concurrent doivent être combinés pour n'en former qu'un seul, et cela peut se faire par un système de vote, ou par un *méta-apprentisseur*, c'est-à-dire un algorithme d'apprentissage automatique qui apprend à partir de la sortie des différents apprentisseurs de base.

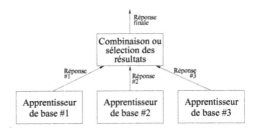

FIG. 3.3 – L'approche concurrente de l'apprentissage automatique multi-stratégique

Ces apprentisseurs de base peuvent utiliser le même algorithme ou des algorithmes différents. Dans le premier cas, on cherche surtout à tirer profit du parallélisme en soumettant à chaque apprentisseur de base un ensemble disjoint de données. Dans le deuxième, on tente, par le méta-apprentisseur ou le système de vote, de choisir le concept qui, selon l'exemple donné, est celui généré par l'apprentisseur le mieux adapté au type de l'exemple ; le but ainsi visé est une augmentation de la précision.

Différents types de modules combinant les réponses des apprentisseurs de base sont possibles. Certains ont besoin d'une phase d'apprentissage préalable à une bonne décision comme les systèmes de vote pondéré, arbitres, les arbres d'arbitres et les méthodes hybrides, tandis que ceux qui emploient le vote simple et le vote pondéré procèdent plus directement. Les descriptions qui suivent traitent de méthodes qui emploient chacune un algorithme d'apprentissage automatique différent comme apprentisseur de base. Dans la section qui suit ces explications, on traite des méthodes qui utilisent plusieurs algorithmes différents.

Le vote simple

La façon la plus simple de gérer les réponses de différents apprentisseurs de base est sans doute celle du vote simple. Cette technique consiste à considérer comme un vote la réponse de chaque apprentisseur de base. La réponse ayant obtenu le plus grand nombre de votes est celle donnée en sortie. Lorsque les votes ne mènent pas à une décision (par exemple si tous les apprentisseurs donnent des réponses différentes), on choisit une réponse au hasard.

Chan et Stolfo ([CS95]) font remarquer certains inconvénients à cette approche :

1. Un système qu'on voudrait implanter avec un petit nombre d'apprentisseurs aurait de bonnes chances de se retrouver souvent avec l'obligation de choisir une réponse au hasard. Par exemple, si deux seuls apprentisseurs sont utilisés et que leurs hypothèses générées sont assez différentes

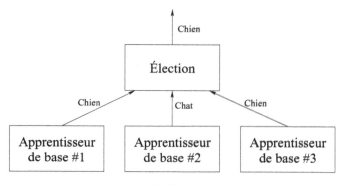

FIG. 3.4 – Vote simple

l'une de l'autre, les chances sont fortes que deux réponses différentes soient données au module de vote simple.

2. Si l'une des techniques d'apprentissage choisie est la seule performante pour le problème posé, ses réponses seront souvent négligées.

3. L'un des buts de l'adoption d'une approche multistratégique concurrente est de profiter des forces de certains algorithmes d'apprentissage automatique pour une partie des données qui leur serait plus appropriée qu'à d'autres. Il faudrait que le système d'élection détermine une importance à accorder à chacun des apprentisseurs de base, et cette importance devrait pouvoir varier en fonction de l'exemple.

Un avantage de cette méthode est qu'elle est simple d'implémentation. En effet, il ne s'agit que de faire la sommation des votes, puis de comparer les sommes correspondant à chaque réponse. Le vote pondéré est une technique plus évoluée.

Le vote pondéré

Le vote simple peut être amélioré par l'attribution d'une importance différente à chaque apprentisseur. C'est ce qui caractérise la méthode nommée *vote pondéré*, et décrite dans [LW91]. À la réponse chaque apprentisseur de base est associé un poids propre au module. Par exemple, le premier apprentisseur de base pourrait avoir un poids de 0,3, le deuxième un poids de 0,7 et le troisième aurait un poids de 0,2, tel qu'illustré à la figure 3.5. Pour chaque groupe d'apprentisseurs donnant la même réponse, on attribue une valeur équivalant à la somme des poids de chaque apprentisseur des groupes à leur réponse, puis on choisit la réponse obtenant la valeur la plus élevée.

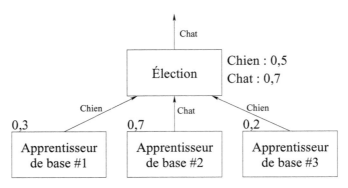

FIG. 3.5 – Vote pondéré

Pour fixer les poids des différents apprentisseurs de base, une phase préalable[1] à l'utilisation du système est nécessaire. On procède ainsi :

1. On attribue un poids de 1 à chaque apprentisseur de base.

2. On prend la réponse que donne le système avec les poids tels qu'ils sont pour un exemple.

3. Si la réponse donnée est différente de celle attendue, on multiplie les poids des apprentisseurs nous ayant induits en erreur par une constante β, où $0 \leq \beta \leq 1$.

4. On recommence à l'étape 2 jusqu'à ce qu'il n'y ait plus d'exemples.

Un exemple de cette procédure est illustré à la figure 3.6. Il s'agit, dans ce cas, de trois algorithmes d'apprentissage automatique de base, chacun possédant initialement un poids de 1,0. Un premier exemple est donné aux apprentisseurs. Le premier donne le classement "chat", le deuxième déclare qu'il s'agit d'un chien et le troisième pense aussi qu'il s'agit d'un chien.

Puisqu'il s'agit d'un exemple, la véritable réponse est connue pour la description donnée en entrée aux trois apprentisseurs. Elle est donc comparée aux trois réponses des algorithmes d'apprentissage. Étant donné que le premier algorithme avait la bonne réponse, son poids reste le même. Les deux autres s'étant trompés, leur poids est diminué en étant multiplié par β, et passe donc de 1,0 à 0,8. Ainsi, la confiance que l'on porte en ces deux apprentisseurs se voit diminuer, puis leurs futures réponses auront un impact moindre sur la réponse global du module d'élection.

Dans l'exemple de la figure 3.6, β vaut 0,8. On remarque que fixer la constante β à 1 revient à utiliser la méthode du vote simple, tandis que fixer

---

[1]Cette phase préalable peut être considérée comme équivalente à un *méta-apprentissage*, tel que défini à la section 4.5

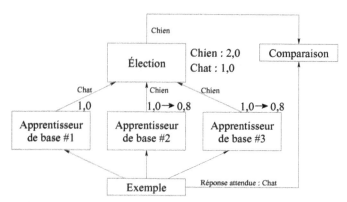

FIG. 3.6 – Détermination des poids aux différents apprentisseurs, préalablement au vote pondéré

la constante β à 0 représente la solution la plus radicale, c'est-à-dire ignorer les réponses des apprentisseurs de base ayant fourni ne serait-ce qu'une seule mauvaise réponse pour les exemples. Par exemple, dans l'image précédente, l'erreur du premier apprentisseur serait considérée impardonnable et aurait immédiatement abaissé son importance à zéro, de sorte que ses réponses soient toujours ignorées dorénavant.

Le problème de l'ignorance d'un concept qui serait le seul à être performant, mentionné plus haut, est solutionné par cette méthode. En effet, il existe des situations pour lesquelles considérer un seul des apprentisseurs de base sera préférable, étant donné qu'il est le seul à être réellement apte à solutionner les problèmes concernés par cette situation. Dans ce cas, sans l'attribution d'un certain degré d'importance à chacun des apprentisseurs de base, on ne pourrait pas ignorer les autres et ne considérer que ce meilleur apprentisseur. Par contre, grâce à la présente méthode, cet apprentisseur se verrait attribuer une importance plus forte que celle des autres apprentisseurs de base, et ses réponses seraient donc préférées aux autres.

Par contre, l'importance ne pouvant pas varier en fonction de l'exemple traité en particulier, on ne pourra pas profiter des forces de certains algorithmes d'apprentissage de base pour des types de données en particulier. En effet, une fois les degrés d'importance fixés pour chacun des apprentisseurs de base, l'importance accordée aux réponses données par chacune est toujours la même. Par contre, il pourrait se trouver des données pour lesquelles un certain sous-ensemble, caractérisable par des attributs que ses éléments ont en commun, est mieux classable par l'un des apprentisseurs de base, tandis qu'un autre sous-ensemble, aussi reconnaissable par certaines valeurs que prennent les attributs de ses éléments, est mieux classable par un autre des apprentisseurs de base. Dans ce cas, il serait souhaitable que l'importance accordée aux réponses de chacun des apprentisseurs de base soient variables selon l'exemple rencontré. Ce n'est malheureusement pas le cas pour cette méthode, étant donné que les degrés d'importance sont fixes et ne dépendent pas des données.

L'arbitrage

Chan et Stolfo, dans [CS93a], ont élaboré une extension au système de vote simple traité précédemment. Il s'agit d'un système présentant le module d'élection comme étant lui aussi un apprentisseur de base [2] , et ayant donc droit à un vote. Pour chaque exemple soumis, cet apprentisseur, comme les apprentisseurs de base, soumettra lui-aussi une réponse. Cet apprentisseur sera nommé *arbitre*.

Lors du compte des voix, si deux réponses arrivent ex-equo, l'arbitre sera le vote tranchant. Cette technique est donc équivalente à celle vote pondéré, mais pour laquelle on attribuerait une importance p égale à tous les apprentisseurs de base sauf un, qu'on désignerait comme étant l'arbitre, auquel on accorderait une importance se situant entre $]p, 2p[$.

Par exemple, si trois apprentisseurs de base votent pour "chien", "chat" et "chien", puis que l'arbitre vote pour "chat", on se trouve en situation d'ex-equo : deux votes pour "chien", et deux votes pour "chat". Étant donné qu'on considère le vote de l'arbitre comme étant légèrement plus important que celui des autres, il servira à trancher et la réponse finale sera "chat".

Il faut alors, après que chaque apprentisseur de base ait appris son concept, faire apprendre l'apprentisseur de l'arbitre à partir d'exemples. Cependant, on ne lui soumet pas tous les exemples. L'idée est qu'on considère que cet arbitre devrait se spécialiser dans les exemples pour lesquels les apprentisseurs de base ont de la difficulté à s'entendre. On en choisit un sous-ensemble à l'aide de l'une des deux fonctions de sélection suivantes :

1. Les exemples qui donnent une réponse différente d'un apprentisseur de base à un autre. Cette façon de faire est appelée «méta-différent».

2. En plus des exemples donnant une réponse différente, on prend les exemples qui donnent la même réponse pour les apprentisseurs de base, mais pour lesquels cette réponse est erronée.

Les arbres d'arbitres

Plutôt que d'avoir un seul arbitre pour l'ensemble des apprentisseurs de base, on peut choisir d'implanter un arbitre par couple d'apprentisseurs de base, puis d'ajouter un niveau supérieur d'arbitrage en ajoutant un arbitre par couple

---

[2]Les auteurs du système parlent de cet apprentisseur comme étant un *méta-apprentisseur*. Pour ne pas porter à confusion avec la notion de méta-apprentisseur utilisée dans les sections suivantes de cet ouvrage, il sera plutôt question d'*apprentisseur du système électeur* ou d'*apprentisseur électeur* lorsqu'il s'agira des techniques présentées ici.

d'arbitres du premier niveau, et ainsi de suite jusqu'à ce qu'un seul arbitre constitue la racine de l'arbre ainsi créé.

La figure 3.7 illustre cette configuration. Pour généraliser, on peut considérer que la technique d'arbitre simple est en fait un arbre d'arbitres ayant un facteur de branchement égal au nombre d'apprentisseurs de base.

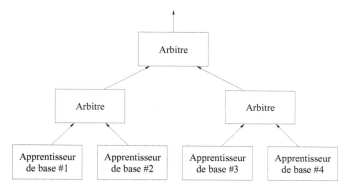

FIG. 3.7 – Un arbre d'arbitres

Les systèmes hybrides

Les stratégies hybrides sont celles qui font en sorte que le système d'élection exécute lui-aussi, comme dans la technique de l'arbitrage, un apprentissage automatique à partir d'un sous-ensemble ou de la totalité des exemples. Lors de cet entraînement, on doit choisir de transmettre ou non au système électeur, comme l'illustre la figure 3.8, les entrées suivantes :

1. Les attributs des exemples

2. Une chaîne de bits représentant l'appartenance ou non des exemples aux différentes classes, selon le classement des apprentisseurs de base.

3. La classe réelle des exemples

4. Les réponses des apprentisseurs de base

De plus, on doit choisir la fonction de sélection des exemples donnés au système électeur, de la même façon que pour la stratégie de l'arbitrage : il faut choisir entre donner seulement les exemples pour lesquels les apprentisseurs de base ne s'entendent pas, ou donner en plus les exemples pour lesquels les apprentisseurs donnent une même réponse erronée.

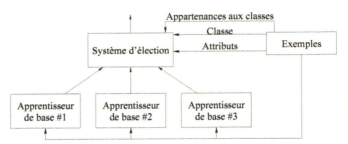

Fig. 3.8 – Possibilités de données à transmettre au décideur pour les systèmes hybrides

Expériences réalisées sur ces méthodes

Des expériences ont été effectuées sur un problème concernant l'ADN, semblable à celui de la reconnaissance des séquences d'ADN promotrices. Il s'agissait de reconnaître une forme particulière de sections de molécules d'ADN qui s'appelle «jonction de séparation». Les différents algorithmes d'apprentissage automatique utilisés étaient ID3 [Qui90] (un apprentisseur par arbres de décision), CART [BFOS84] (un autre générateur d'arbres de décision), WPEBLS (une version pondérée de l'algorithme PEBLS [CS93b], un apprentisseur utilisant la technique du plus proche voisin) et BAYES [CN89] (un apprentisseur baysien). Pour chaque test sur le système électeur, différentes combinaisons d'entrées à l'apprentissage réalisé par le système électeur ont été essayées. Les expériences ont été réalisées en ne donnant que les réponses des apprentisseurs de base, les réponses et celles d'un arbitre, les réponses et une chaîne de bits, la classe des exemples pour lesquels les apprentisseurs de base donnent une réponse différente, et la classe des exemples pour lesquels les apprentisseurs de base donnent une réponse erronée identique. De plus, les techniques de vote simple et de vote pondéré ont été essayées afin de comparer les résultats.

En analysant les résultats, il est intéressant d'identifier les combinaisons d'entrées données aux systèmes électeurs qui donnaient un taux d'exactitude dépassant le meilleur classificateur de base seul et celles qui procuraient un taux dépassant la meilleure stratégie monostratégique, soit l'utilisation de BAYES. Cela indique qu'il a été utile de combiner les modules avec un système électeur plutôt que d'utiliser seulement le meilleur des classificateurs de base choisis.

Résultats

Les approches qui ont permis de dépasser la performance du meilleur classificateur de base seul sont l'utilisation de BAYES comme apprentisseur du système électeur avec les quatre combinaisons d'apprentisseurs de base possibles pour presque toutes les combinaisons d'entrées au système électeur. On peut donc conclure que BAYES fut le meilleur choix de apprentisseur de système électeur dans les expériences réalisées [?].

Ce sont aussi les techniques employant BAYES comme apprentisseur électeur qui ont dépassé la meilleure stratégie monostratégique. Donner en entrée la classe des exemples pour lesquels la réponse des apprentisseurs de base est différente s'est avéré un bon choix, mais y ajouter la participation d'un arbitre a fait baisser les taux de précision des concepts appris.

De plus, les auteurs de ce système suggèrent d'expliquer le succès empirique de BAYES en tant que méta-apprentisseur par la faible régularité des données d'entraînement pour les méta-apprentisseurs.

3.2 Un outil de sélection d'algorithmes déjà existant

L'Université de Waikato en Nouvelle-Zélande a développé un outil fort populaire dans la communauté de chercheurs sur la découverte de connaissances à partir de données. Cet outil, nommé Weka [WEKa], offre une gamme intéressante d'algorithmes d'apprentissage automatique diversifiés dont le code source est disponible et libre.

À partir de cet outil, et à la lumière des résultats des travaux de Soares et Brazdil [BS00], Farrand, de l'Université de Bristol, a développé un outil de sélection automatique d'algorithme de découverte de connaissances nommé Weka-Metal [WEKb].

Cette section détaille ce système, puis en énonce certains manques. Ensuite, le chapitre 4 propose des modifications afin d'en améliorer la flexibilité, et d'expérimenter plusieurs autres configurations d'aiguilleur automatique de requêtes d'apprentissage que celle élaborée à la base de Weka-Metal. Ces apports à Weka-Metal constituent le coeur du présent projet.

Des remerciements sont dus à Sébastien Quirion, stagiaire du CRSNG, ayant apporté une aide cruciale à mise en oeuvre des modifications apportées à Weka-Metal au cours de ce projet.

3.2.1 Weka

Weka [?] est un logiciel permettant d'effectuer la plupart des tâches reliées à l'apprentissage automatique.

Parmi les algorithmes d'apprentissage automatique permettant la découverte de connaissance qui y sont inclus, on en compte plusieurs pour l'apprentissage supervisé, dont un réseau de neurones, une implémentation de l'algorithme C4.5 de Quinlan [Qui93], et bien d'autres, comme le montre l'encadré 3.1.

De plus, pour l'évaluation de l'hypothèse générée par l'un ou l'autre des algorithmes d'apprentissage automatique, plusieurs modes sont possibles :

1. Spécification manuelle d'un ensemble-test à part

1. Decision stump
   – Arbre de décision à un seul niveau.
   – Généralement efficace seulement pour les attributs-classe binaires

2. Decision tables
   – Règles sous forme d'une table
   – Pose le problème de décider quels attributs doivent se retrouver dans la table

3. IB1
   – Algorithme de plus proche voisin
   – Utilise une mesure de distance euclidienne

4. LinearRegression
   – Tente d'exprimer l'attribut-classe en termes d'une combinaison linéaire des attributs
   – Ne fonctionne qu'avec les attributs numériques

5. M5'
   – Crée un arbre avec un modèle linéaire aux feuilles

6. Neural Network
   – Applique l'algorithme de propagation arrière sur un réseau neuronal

7. ID3
   – L'algorithme ID3 développé par [Qui90]

8. J48
   – Une implémentation de l'algorithme C4.5 [Qui93]

9. OneR
   – Arbre de décision à un seul niveau et testant un seul attribut
   – Donne un concept très simple

10. NaiveBayes
    – Réseau bayésien naïf

TAB. 3.1 – Les algorithmes d'apprentissage automatique inclus dans l'outil Weka

2. Séparation en un ensemble *test* et un ensemble d'*entraînement*

3. Validation croisée

Enfin, la sélection d'attributs et l'analyse des résultats est facilitée par plusieurs outils disponibles dans ce logiciel.

Cet outil a été développé sous une license qui donne libre accès au code source et permet de le modifier, puis la documentation est complète. Ainsi, l'ajout de nouvelles fonctionnalités, tel que celles présentées au chapitre 4, se fait aisément.

3.2.2   Weka-Metal

Farrand a conçu Weka-Metal [?], en se basant sur une application des travaux de [BS00], en ajoutant à Weka un module permettant d'élire, pour une base de données et une requête de découverte de connaissances, un algorithme disponible dans Weka parmi une certaine sélection.

Lorsque WekaMetal reçoit une nouvelle base de données et le choix d'un attribut-classe, une caractérisation de ces données et d'abord appliquée. Ensuite, celle-ci est comparée à toutes celles déjà rencontrées, puis les meilleurs choix d'algorithmes effectués pour les bases de données les plus ressemblantes servent à déterminer l'algorithme à utiliser pour ce nouvel exemple.

3.2.3   Caractérisation des données proposée par Weka-Metal

Les chercheurs qui ont développé Weka-Metal ont basé leurs travaux sur des recherches effectuées par ?? et ??, afin d'obtenir une façon de caractériser les données pour lesquelles le choix d'un algorithme est nécessaire.

L'examen des données passées à WekaMetal est fait selon les 12 attributs suivants. La valeur que chacune de ces caractéristiques prend pour les données examinées composera un nouveau *méta-exemple* et pourra servir à enrichir la base de connaissances du méta-apprentisseur, ou bien simplement à classer un nouvel exemple en utilisant l'hypothèse préalablement élaborée par le système méta-apprenant.

Dans les descriptions qui suivent, E représente l'ensemble des exemples, $C(x)$ signifie la valeur de l'attribut classe de l'exemple x, et A représente l'ensemble des attributs. N ($N \subseteq A$) représente l'ensemble des attributs numériques, et M ($M \subseteq A$) représente l'ensemble des attributs nominaux. De plus, si $x \in E$ et $a \in A$, la notation x_a désigne la valeur que prend l'attribut a pour l'exemple x, E_a désigne l'ensemble des valeurs possibles pour l'attribut a, et E_{classe} désigne l'ensemble des valeurs possibles pour l'attribut-classe.

Finalement, le symbole ? sera employé pour désigner une valeur manquante. Ainsi, $|\{x \in E | x_a \neq ?\}|$ se lit "cardinalité de l'ensemble des exemples dont l'attribut a n'est pas manquant".

1. Nombre d'attributs

$$|A|$$

Complexité du calcul : $O(|A|)$

2. Nombre d'exemples

$$|E|$$

Complexité du calcul : $O(|E|)$

3. Nombre d'attributs nominaux

$$|M|$$

Complexité du calcul : $O(|A|)$

4. Nombre d'attributs numériques

$$|N|$$

Complexité du calcul : $O(|A|)$

5. Fréquences du mode ou de la moyenne

$$\frac{|\{x \in E | C(x)m\}|}{|E|}$$

où m est le mode de l'attribut-classe de E dans le cas où il est nominal
ou discret ou la moyenne de l'attribut-classe de E s'il est numérique.
Complexité du calcul : $O(|E|)$

6. Nombre d'exemples incomplets

$$|\{x \in E | \exists a \in A | x_a =?\}|$$

Complexité du calcul : $O(|A| \times |E|)$

7. Nombre de valeurs possibles pour l'attribut de classe

$$|E_{classe}|$$

Complexité du calcul : $O(|E|)$

8. Nombre de valeurs manquantes au total dans les exemples

$$\sum_{i=1}^{|A|} |\{x \in E | x_i =?\}|$$

9. Moyenne des moyennes

$$\frac{\sum_{a \in N} \frac{\sum_{x \in E} x_a}{|E|}}{|N|}$$

Complexité du calcul : $O(|A| \times |E|)$

10. Moyenne des des écarts-type

$$\frac{\sum_{a \in N} \frac{\sqrt{\sum_{x \in E}(x_a - \frac{\sum_{x \in E}}{|E|})^2}}{|E|}}{|N|}$$

Complexité du calcul : $O(|A| \times |E|)$

11. Moyenne des Kurtosis [3]

$$\frac{\sum_{a \in N} \frac{\sum_{x \in E|x_a \neq ?}(x_a - \overline{x})^4}{|\{x \in E|x_a \neq ?\}|\sigma^4} - 3}{|N|}$$

où

$$\sigma = \sqrt{\frac{\sum_{x \in E|x_a \neq ?}(x_a - \overline{x})^2}{|\{x \in E|x_a \neq ?\}|}}$$

Complexité du calcul : $O(|E| \times |N|)$

12. Moyenne des Skewness [4]

$$\frac{\sum_{a \in N} \frac{\sum_{x \in E|x_a \neq ?}(x_a - \overline{x})^3}{|\{x \in E|x_a \neq ?\}|\sigma^3}}{|N|}$$

où

$$\sigma = \sqrt{\frac{\sum_{x \in E|x_a \neq ?}(x_a - \overline{x})^2}{|\{x \in E|x_a \neq ?\}|}}$$

Complexité du calcul : $O(|E| \times |N|)$

Certains de ces paramètres sont incalculables pour certains types de bases de données. Par exemple, le nombre de valeurs possibles pour l'attribut-classe ne sera calculable que pour des exemples dont l'attribut-classe est nominal. Dans le cas où les données ne permettent pas le calcul de l'une des caractéristiques décrites ci-haut, celle-ci prendra une valeur constante (souvent zéro).

La table 3.2 présente en exemple la caractérisation de quelques bases de données de la University of California Irvine (UCI). Les attributs de la caractérisation, notés c_1 à c_{12}, correspondent, dans l'ordre, aux douze attributs de caractérisation décrits ci-haut.

3.2.4 Accumulation des méta-exemples

Le méta-apprentissage réalisé par Weka-Metal consiste simplement à conserver les méta-exemples, décrits sous forme de valeurs prises pour chacun des attributs constituant la caractérisation décrite ci-haut, en association avec le

---

[3]La notion de *Kurtosis* est expliquée à l'annexe A.1.
[4]La notion de *Skewness* est expliquée à l'annexe A.2.

TAB. 3.2 – Caractérisation de quelques bases de données de la UCI

BD	c_1	c_2	c_3	c_4	c_5	c_6	c_7	c_8	c_9	c_{10}	c_{11}	c_{12}
anneal	39	898	32	6	0.85	0	10	0	348.50	405.17	4.60	2.02
audiology	70	226	69	0	0.59	222	2	317	0	0	0	0
autos	26	205	10	15	0.15	46	22	59	1447.09	606.98	1.27	0.79
breast-cancer	10	286	9	0	0.33	9	9	9	0	0	0	0
colic	23	368	9	7	0.58	361	2	1927	31.10	12.71	0.83	0.70
credit	16	690	15	6	0.67	37	2	67	207.05	901.50	49.48	4.41
eucalyptus	20	736	9	14	0.11	95	16	448	390.08	172.61	62.34	2.54
grub-damage	9	155	5	2	0.08	0	21	0	3.75	2.08	-0.81	0.37
heart-c	14	303	6	6	0.68	7	2	7	97.26	17.24	1.05	0.59
heart-h	14	294	7	6	0.72	293	2	782	95.16	19.59	1.03	0.55
hepatitis	20	155	13	6	0.89	75	2	167	49.91	29.74	4.24	1.26
hypothyroid	30	3772	22	7	0.65	3772	2	6064	39.80	16.33	43.98	3.05
kr	37	3196	36	0	0.88	0	2	0	0	0	0	0
labor	17	57	8	8	0.31	56	3	326	9.41	2.23	1.53	0.24
lymph	19	148	15	3	0.45	0	4	0	2.04	1.01	9.42	2.29
mushroom	23	8124	22	0	0.45	2480	6	2480	0	0	0	0
pasture	23	36	1	21	0.27	0	4	0	211.37	71.35	-0.06	0.45
primary-tumor	18	339	17	0	0.61	207	3	225	0	0	0	0
sick	30	3772	22	7	0.65	3772	2	6064	39.80	16.33	43.98	3.05
soybean	36	683	35	0	0.21	121	7	2337	0	0	0	0
splice	62	3190	61	0	0.00	0	3178	7	0	0	0	0
squashed-stored	25	52	3	21	0.38	2	3	7	412.45	94.86	-0.44	-0.01
vote	17	435	16	0	0.54	203	2	392	0	0	0	0
vowel	14	990	3	10	0.53	0	2	0	-0.10	0.69	-0.39	0.09
white-clover	32	63	4	27	0.14	0	7	0	13.59	9.66	4.55	1.24
zoo	18	101	16	1	0.01	0	100	0	2.84	2.03	-0.65	0.13

temps pris pour exécuter chacun des algorithmes avec lequel la base de données en question a été utilisée, puis le taux de succès obtenu.

Une étape de méta-apprentissage, préalable au classement des nouveaux exemples, c'est-à-dire à la sélection automatique d'un algorithme pour une nouvelle base de données soumise au système, est nécessaire. Lors de cette opération, plusieurs bases de données sont soumis à un apprentissage automatique pour tous les algorithmes utilisables sur chacune, selon les contraintes fortes décrites à la section 2.3.4. Ces bases de données sont caractérisées en termes des douze attributs de caractérisation décrits plus haut, puis le résultat de l'apprentissage effectué par chacun des apprentisseurs est comparé afin d'élire le meilleur.

La table 3.3 donne en exemple trois bases de données sur lesquelles un apprentissage automatique a été exécuté à l'aide de trois algorithmes. Pour chacun des neufs apprentissages, les données stockées par Weka-Metal sont le nom de la base de données et sa caractérisation, l'algorithme utilisé, le taux de succès obtenu (noté *TS*), et le temps pris pour l'exécution.

3.2.5 Évaluation du choix d'un algorithme

Deux mesures sont utilisées par Weka-Metal afin d'évaluer la performance d'un algorithme pour un problème donné : SRR (*Simple Ratio of Ratios*) et ARR (*Ajusted Ratio of Ratios*). SRR est basé uniquement sur le taux d'exactitude des hypothèses émises par les différents algorithmes d'apprentissage de base, puis ARR combine le taux d'exactitude et le temps pris pour exécuter l'algorithme.

$SRR_{a_p,a_q}^{d_i}$, soit l'indice SRR comparant l'algorithme a_p avec l'algorithme a_q pour la base de données d_i, est calculé de la façon suivante :

$$SRR_{a_p,a_q}^{d_i} = \frac{SR_{a_p}^{d_i}}{SR^{d_i}a_q}$$

où SR_y^x (*Success Rate*) représente le taux d'exactitude de l'hypothèse émise par l'algorithme y pour la base de données x.

Ainsi, comparer les trois algorithmes pour les trois bases de données de la table 3.3 donnerait les valeurs SRR présentées à la table 3.4.

La comparaison de la performance d'un algorithme d'apprentissage automatique pour une base de données par rapport à une autre est effectuée selon les critères *taux d'exactitude* et *temps*.

Les deux variables sont combinées, afin d'obtenir un point de comparaison numérique unique, à l'aide de l'équation suivante :

$$ARR_{a_p,a_q}^{d_i} = \frac{\dfrac{SR_{a_p}^{d_i}}{SR^{d_i}a_q}}{1 + \dfrac{log\left(\dfrac{T_{a_p}^{d_i}}{T_{a_q}^{d_i}}\right)}{k}}$$

où $ARR_{a_p,a_q}^{d_i}$ représente cette valeur à comparer pour la base de données d_i entre les algorithmes a_p et a_q.

TAB. 3.3 – Quelques méta-exemples accumulés par Weka-Metal

BD	Algorithme	c_1	c_2	c_3	c_4	c_5	c_6	c_7	c_8	c_9	c_{10}	c_{11}	c_{12}	TS	T (ms)
autos	Decision Stump	26	205	10	15	0.15	46	22	59	1447.09	606.98	1.27	0.79	0.16	649
breast-cancer	Decision Stump	10	286	9	0	0.33	9	9	9	0	0	0	0	0.5	24
eucalyptus	Decision Stump	20	736	5	14	0.11	95	16	448	390.08	172.61	62.34	2.54	0.21	657
autos	Decision Table	26	205	10	15	0.15	46	22	59	1447.09	606.98	1.27	0.79	0.77	5287
breast-cancer	Decision Table	10	286	9	0	0.33	9	9	9	0	0	0	0	0.48	1567
eucalyptus	Decision Table	20	736	5	14	0.11	95	16	448	390.08	172.61	62.34	2.54	0.98	15566
autos	Hyper Pipes	26	205	10	15	0.15	46	22	59	1447.09	606.98	1.27	0.79	0.69	44
breast-cancer	Hyper Pipes	10	286	9	0	0.33	9	9	9	0	0	0	0	0.17	15
eucalyptus	Hyper Pipes	20	736	5	14	0.11	95	16	448	390.08	172.61	62.34	2.54	0.97	116

TAB. 3.4 – Exemple de calculs de valeurs SRR

	a_q = Decision Stump	a_q = Decision Table	a_q = Hyper Pipes
		d = Autos	
a_p = Decision Stump	1	0.207792	0.231884
a_p = Decision Table	4.8125	1	1.115940
a_p = Hyper Pipes	4.3125	0.896104	1
		d = Breast-cancer	
a_p = Decision Stump	1	1.04167	2.94118
a_p = Decision Table	0.96	1	2.82353
a_p = Hyper Pipes	0.34	0.354167	1
		d = Eucalyptus	
a_p = Decision Stump	1	0.214286	0.216495
a_p = Decision Table	4.66667	1	1.01031
a_p = Hyper Pipes	4.61905	0.989796	1

$SR_a^{d_i}$ dénote le taux de succès pour l'algorithme a sur la base de données d_i, et $T_a^{d_i}$ indique le temps pris pour son exécution.

k est un paramètre permettant de modifier l'importance de la rapidité par rapport à celle de l'exactitude de l'hypothèse apprise. Tel que mentionné par [BS00], un utilisateur non expert pourrait considérer ce paramètre comme un obstacle à la convivialité du système. Cependant, il existe une façon de le fixer en se basant sur la précision p que l'utilisateur est prêt à condamner afin d'obtenir un temps d'exécution r fois inférieur. Il suffit en effet de fixer k ainsi :

$$k = \frac{log(1/r)}{p-1}$$

Par exemple, vouloir sacrifier 6% d'exactitude pour une vitesse 100 fois plus élevée correspondrait à fixer k à 2,1. Les valeurs ARR calculées avec $k = 2,1$ pour les taux de succès et les temps d'exécution de la table 3.3 sont données à la table 3.5.

Il est à noter qu'utiliser SRR revient à utiliser ARR avec $k = \infty$.

3.2.6 Élection des voisins

D'abord, il s'agit d'un algorithme basé sur la technique des *k-voisins*, tel que décrite par Mitchell dans ??. Les taux d'exactitude et temps d'exécution ayant été classés auparavant pour des bases de données déjà rencontrées et caractérisées en guise de méta-exemples, il faut comparer chacune avec la caractérisation de la nouvelle base de données à classer.

Pour ce faire, la mesure de distance est la suivante :

$$dist(d_i, d_j) = \sum_x \delta(v_{x,d_i}, v_{x,d_j})$$

TAB. 3.5 – Exemple de calculs de valeurs ARR pour k = 2.1

	a_q = Decision Stump	a_q = Decision Table	a_q = Hyper Pipes
	d = Autos		
a_p = Decision Stump	1	0.36699	0.148971
a_p = Decision Table	3.35648	1	0.560673
a_p = Hyper Pipes	9.72527	92.9597	1
	d = Breast-cancer		
a_p = Decision Stump	1	7.67161	2.68062
a_p = Decision Table	0.514961	1	1.43953
a_p = Hyper Pipes	0.376606	9.17958	1
	d = Eucalyptus		
a_p = Decision Stump	1	0.620357	0.159349
a_p = Decision Table	2.82046	1	0.501843
a_p = Hyper Pipes	7.20176	-74.9871	1

où

$$\delta(v_{x,d_i}, v_{x,d_j}) = \frac{|v_{x,d_i} - v_{x,d_j}|}{max_{k \neq i}(v_{x,d_k}) - min_{k \neq i}(v_{x,d_k})}$$

où d_i et d_j sont les deux bases de données à comparer, puis $v_{x,d}$ est la valeur que prend l'attribut de caractérisation v_x pour la base de données d.

Ainsi, une petite valeur de $dist(d_i, d_j)$ signifie que les deux bases de données sont proches l'une de l'autre dans l'espace euclidien de la caractérisation décrite plus haut.

À l'aide de cette mesure, k voisins sont élus. Plusieurs valeurs de k ont été expérimentées par [BS00], et il s'est avéré, dans leurs tests, que 3 était une valeur préférable. Le système Weka-Metal propose donc 3 voisins comme valeur par défaut pour k.

3.2.7 Comparaison des algorithmes

Soit G, l'ensemble des algorithmes d'apprentissage automatique disponibles, et D l'ensemble des k bases de données considérées voisines à la nouvelle base de données pour laquelle il faut choisir un algorithme.

Étant donné que la valeur comparative ARR, décrite plus haut, se mesure en fonction d'une base de données et de deux algorithmes p et q, une fois les k voisins sélectionnés, un ensemble de points faisant partie de l'espace $G^2 \times D \times \Re$ est établi. En effet, nous obtenons un score, présenté sous forme de nombre réel, pour chaque paire d'algorithmes, et ce pour chacune des bases de données considérées voisines.

Afin d'obtenir une seule valeur comparative pour chacun des algorithmes candidats, il faut appliquer deux aggrégations à cet ensemble, qui consistent en des calculs de moyennes. Ces deux projections sont illustrées par la figure 3.9.

TAB. 3.6 – Exemple de calcul d'$\overline{ARR}$

	a_q = Decision Stump	a_q = Decision Table	a_q = Hyper Pipes
a_p = Decision Stump	1	2.88632	0.996313
a_p = Decision Table	2.23063	1	0.834017
a_p = Hyper Pipes	5.76788	9.05073	1

La technique consiste alors à projeter d'abord cet ensemble vers l'espace $G^2 \times \Re$ en calculant la moyenne des valeurs ARR pour chacune des paires d'algorithmes :

$$\overline{ARR_{a_p,a_q}} = \frac{\sum_{d \in D} ARR^d_{a_p,a_q}}{|D|}$$

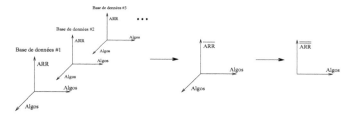

FIG. 3.9 – Projections appliquées aux valeurs ARR pour chaque paire d'algorithmes candidats

Par exemple, si les trois bases de données de la table 3.3 étaient sélectionnées comme étant les plus proches voisins d'une nouvelle base de données pour laquelle il faut choisir un apprentisseur, il faudrait calculer les valeurs de $\overline{ARR}$ à partir des ARR calculés à la table 3.5. Les résultats de ces calculs sont montrés dans la table 3.6.

Ensuite, il s'agira de projeter ce nouvel ensemble vers l'espace $G \times \Re$ en calculant la moyenne des valeurs $\overline{ARR}$ pour chacun des algorithmes :

$$\overline{\overline{ARR_{a_q}}} = \frac{\sum_{p \in G} \overline{ARR_{a_p,a_q}}}{|G|}$$

Ainsi, Weka-Metal obtient, pour chaque algorithme candidat, sa valeur $\overline{\overline{ARR_{a_q}}}$ qui représente une estimation de sa supériorité sur les autres algorithmes pour les k bases de données considérées les plus proches de la base de données à classer.

$\overline{\overline{ARR}}$ est présenté à la table 3.7 pour chacun des trois algorithmes de l'exemple.

TAB. 3.7 – Exemple de calcul d'$\overline{\overline{ARR}}$

a_p	$\overline{\overline{ARR}}$
Decision Stump	1.94132
Decision Table	1.53233
Hyper Pipes	7.40930

TAB. 3.8 – Exemple de réponse donnée par Weka-Metal pour une nouvelle base de données qui lui est soumise

Apprentisseur	rang
IB1	1
Bayes	2
C 4.5	3
ID3	4

3.2.8 Classement des performances

L'utilisation de l'aiguilleur en lequel consiste Weka-Metal résulte en un classement des différents algorithmes disponibles, pour la nouvelle base de données soumise.

Après avoir calculé $\overline{\overline{ARR_{a_q}}}$ pour chaque algorithme de l'emsemble G, les algorithmes sont triés en ordre décroissant de leur valeur ARR.

Pour les trois algorithmes de notre exemple, et pour les trois bases de données considérées plus proches voisins, *Hyper Pipes* serait le premier, *Decision Stump* serait le second, et *Decision Table* serait le dernier. L'algorithme *Hyper Pipes* serait donc considéré vainqueur et choisi pour l'apprentissage de la nouvelle base de données pour laquelle on désirait élir un apprentisseur.

3.3 Résultats de Weka-Metal

Pour une nouvelle base de données, Weka-Metal donne un *classement* d'algorithmes, c'est-à-dire un ordre de préférence d'utilisation des apprentisseurs de base disponibles. Par exemple, pour une certaine base de données, et si les quatre algorithmes de base disponibles étaient *C 4.5, IB1, Bayes*, et *ID3*, Weka-Metal pourrait donner une réponse comme celle figurant à la table 3.8. Cette réponse signifie que Weka-Metal prédit que le meilleur taux de succès pour un apprentissage sur la base de données en question sera obtenu à l'aide de IB1, le deuxième meilleur choix serait Bayes, le troisième C 4.5, puis le pire choix ID3.

Les résultats dont les auteurs de Weka-Metal discutent sont présentés sous forme de correlation entre le classement, ou l'ordre de préférence, calculé par Weka-Metal et le réel ordre décroissant des taux de succès des apprentisseurs disponibles sur la base de données en question.

Puisque nous désirons comparer notre aiguilleur à Weka-Metal, il est intéressant d'évaluer Weka-Metal en tant qu'aiguilleur. Pour ce faire, nous évaluons la qualité du premier choix proposé par Weka-Metal dans l'ordre de préférence, et ignorons les autres. C'est ce en quoi la méthode d'évaluation décrite à la section 4.7.2 consiste. Il s'agit d'une façon d'évaluer quel taux d'erreur sera ajouté en moyenne du fait qu'on se fie à la proposition de l'aiguilleur plutôt que l'on ait réellement choisi le meilleur apprentisseur pour les bases de données à aiguiller.

La table 5.9, à la section 5.6 indique ce taux d'erreur ajouté pour différentes valeurs de k, soit le nombre de plus proches voisins considéré par Weka-Metal.

3.4 Manques à Weka-Metal

Le stockage que fait Weka-Metal des caractérisations de bases de données rencontrées et des résultats d'apprentissages automatiques effectuées est comparable à l'élaboration d'une table d'exemples pour un apprentissage.

Comme nous l'avons vu, les divers attributs de la caractérisation représentent les attributs du *méta-apprentissage* réalisé par l'algorithme des k-voisins utilisé pour classer les algorithmes disponibles et en élir un pour l'aiguillage. Le taux de succès et le temps d'exécution pris par chacun d'apprentissage peuvent être combinés en une valeur nommée *ARR*, afin d'évaluer chacun de ces exemples. Il s'agit donc de l'attribut-classe du méta-apprentissage.

L'exécution préalable de tous les algorithmes disponibles pour un ensemble de bases de données peut être vue comme l'élaboration d'une hypothèse. La comparaison d'une nouvelle base de données, d'après sa caractérisation, avec celles déjà rencontrées correspond au classement d'un nouveau cas à partir du résultat de l'apprentissage.

Bref, tous les éléments d'un apprentissage automatique sont présents dans ce système d'aiguillage. Il n'y a donc aucune raison de ne pas utiliser d'algorithmes d'apprentissage automatique déjà existant pour réaliser ce méta-apprentissage. De plus, les techniques d'évaluation des hypothèses apprises pourraient être utilisées de la même façon qu'avec des apprentissages conventionnels afin de mesurer l'efficacité de l'aiguillage lui-même. L'algorithme du méta-apprentisseur implanté pour Weka-Metal est fixe.

De plus, le classement n'est pas évalué de façon automatique. Il serait intéressant d'obtenir un taux de succès par validation croisée, de la même façon qu'il est courant de le faire pour la plupart des apprentissages automatiques.

Chapitre 4

Méthode proposée

4.1 Constitution de l'aiguilleur

L'aiguilleur automatique de requêtes d'apprentissage automatique élaboré au cours de ce projet a été créé à partir du système *Weka-Metal* présenté à la section 3.2.2, avec des extensions au système de méta-apprentisseur, de caractérisation et de générateur de méta-attribut-classe qui seront détaillées dans les sections qui suivent.

La figure 4.1 donne une vue d'ensemble du système élaboré. On y distingue deux phases : celle de méta-apprentissage (le haut de la figure), qui correspond en quelque sorte à la préparation de l'aiguilleur, puis celle de l'aiguillage (le bas de la figure), qui correspond à l'utilisation de l'aiguilleur.

La préparation de l'aiguilleur consiste d'abord en la création de *méta-exemples* à partir d'une banque de bases de données disponibles. Ces méta-exemples sont construits à partir du résultat d'un apprentissage automatique sur l'ensemble de ces données, avec chacun des algorithmes d'apprentissage automatique, dits *de base*, disponibles.

Ces mêmes données doivent être caractérisées à l'aide d'un module dédié à cet effet, puis ces caractérisations sont associées aux résultats des apprentissages faits par les différents algorithmes afin de générer la table des méta-exemples.

Ensuite, la table des méta-exemples est donnée en entrée à un algorithme d'apprentissage automatique qui sert de *méta-apprentisseur*. C'est l'hypothèse émise par le méta-apprentisseur qui sert d'aiguilleur.

Finalement, pour aiguiller, les nouvelles bases de données sont caractérisées par le même module que celui ayant servi à caractériser les bases de données lors de la préparation de l'aiguilleur. Cette caractérisation est donnée en entrée aux règles de classification en lesquelles consiste l'hypothèse émise par le méta-apprentisseur afin d'élire un algorithme d'apprentissage automatique en particulier. C'est ce choix d'algorithme qui sera considéré comme étant le plus prometteur en termes d'efficacité et de temps d'exécution.

De plus, le méta-apprentissage peut être évalué comme n'importe quel apprentissage automatique conventionnel. On pourra donc avoir une idée du succès de l'aiguillage à l'aide d'une technique d'évaluation d'apprentissage comme la validation croisée.

Les détails de ces opérations sont donnés dans les sections suivantes.

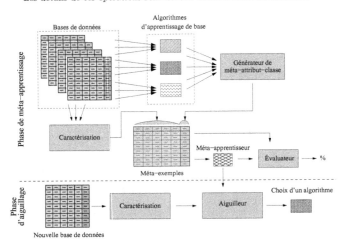

FIG. 4.1 – L'aiguilleur automatique de requêtes d'apprentissage automatique

4.2   Construction des méta-exemples

La partie la plus longue du processus de la préparation de l'aiguillage est sans doute l'apprentissage automatique qu'il faut faire exécuter par chacun des apprentisseurs de base sur chacune des bases de données. Certains apprentisseurs automatiques, par exemple les réseaux de neurones, prennent un temps particulièrement élevé si les exemples qu'on leur soumet sont le moindrement nombreux.

De façon générale, plus les exemples sont nombreux, meilleure est la qualité de l'hypothèse émise par un apprentissage automatique. Il en va de même pour le méta-apprentissage de l'aiguilleur. Nous préférerons donc un grand ensemble de bases de données à soumettre à l'aiguilleur en guise de méta-exemples, afin d'assurer une certaine richesse de l'*expérience* du méta-apprentisseur.

De plus, il va de soi que plus l'éventail d'algorithmes de forage de données disponibles est important, plus nombreux seront les méta-exemples et meilleures seront les chances de l'aiguilleur de choisir un apprentisseur approprié pour chacune des bases de données qui lui seront soumises.

4.2.1 Multiplication des méta-exemples

Un grand ensemble de bases de données n'est pas nécessairement facilement disponible dès le départ. Cependant, plusieurs méta-exemples par apprentisseur de base peuvent être générés à partir d'une seule base de données en effectuant un choix différent d'attribut-classe. En effet, tel que la caractérisation est définie à la section 3.2.3, plusieurs de ces attributs dépendent fortement du choix de l'attribut-classe.

Par exemple, si une base de données comporte douze attributs, et qu'un certain apprentisseur de base peut fonctionner avec un attribut-classe nominal ou binaire, on pourra réaliser autant de méta-exemples qu'il y a d'attributs nominaux et binaires dans la base de données.

Évidemment, certains choix d'attributs-classe pourraient être absurdes, en ce sens qu'ils n'auraient tout simplement aucun lien avec le reste des attributs et qu'il serait pratiquement impossible de les déduire, aussi fort soit l'algorithme utilisé, à partir des autres attributs. Ces apprentissages donneront des taux de succès faibles. Par contre, il s'agira justement d'un enrichissement intéressant à la base de méta-exemples, puisque les contre-exemples sont probablement aussi utiles que les exemples positifs.

Par exemple, la base de données "Labor", fournie par UCI, comporte les attributs énumérés à la table 4.1. Parmi ces 17 attributs, neuf sont utilisables comme attribut-classe d'un apprentissage effectué par un algorithme de type C4.5 puisque ce dernier n'accepte pas les attributs-classe numériques. Les données de la table montrent que les apprentissages effectués sur ces neuf attributs ne sont pas tous aussi performants. Cependant, tel que mentionné plus haut, les apprentissages à faible taux de succès ne feront qu'enrichir les méta-exemples en y ajoutant ce qu'on pourrait appeler des *méta-contre-exemples*.

4.2.2 Deux algorithmes supplémentaires

Dans le cadre de ce projet, deux algorithmes ont été ajoutés au système Weka-Metal. Il s'agit d'un algorithme à base de réseaux neuronaux, et d'un algorithme de type C4.5. Tous deux furent développés par une entreprise commerciale.

Ces algorithmes peuvent servir aussi bien d'apprentisseur de base que de méta-apprentisseur.

4.2.3 Méta-exemples depuis des règles de commerce

Il est possible de générer un méta-exemple à partir d'une règle de commerce tel que décrite à la section 2.4.1. Rappelons qu'un apprentissage automatique permet de tenter d'*expliquer* la correspondance entre une règle de commerce et les autres attributs de la base de données que ceux qui la décrivent.

Attribut	type	Classe pour C4.5	Taux de succès (%)
duration	numérique		-
wage-increase-first-year	numérique		-
wage-increase-second-year	numérique		-
wage-increase-third-year	numérique		-
cost-of-living-adjustment	nominal	√	56,8
working-hours	numérique		-
pension	nominal	√	51,8
standby-pay	numérique		-
shift-differential	numérique		-
education-allowance	nominal	√	45,5
statutory-holidays	numérique		-
vacation	nominal	√	49,0
longterm-disability-assistance	nominal	√	75,0
contribution-to-dental-plan	nominal	√	67,6
bereavement-assistance	nominal	√	96,7
contribution-to-health-plan	nominal	√	64,9
class	nominal	√	73,7

TAB. 4.1 – Choix d'attribut-classe possibles pour la base de données "Labor" avec un algorithme de type C4.5

Comme nous l'avons mentionné à la section 2.4.2, la base de données concernée par cet apprentissage se voit tronquée des attributs qu'elle concerne. En effet, c'est à partir des autres attributs que l'apprentisseur doit tenter d'établir un lien avec le nouvel attribut-classe binaire correspondant à la vérification ou non de la règle pour chaque enregistrement de la base de données.

Il s'agira donc non seulement d'un nouveau méta-exemple grâce à la sélection d'un attribut-classe différent, mais aussi grâce au fait que certains autres attributs seront supprimés de la base de données. Ceci enrichira d'autant plus la base de méta-exemples.

4.3 Méta-attributs

4.3.1 Caractérisation

Les méta-attributs constituent la description des méta-exemples passés au méta-apprentisseur, et correspondent au regroupement des valeurs prises pour les différents éléments de la caractérisation détaillée en la section 3.2.3.

Ces attributs sont, pour la plupart, des mesures statistiques prises sur les bases de données, dépendantes du choix de l'attribut-classe, de son type, du type des autres attributs, puis de la taille des exemples, des valeurs manquantes, et ainsi de suite.

Le choix de ces attributs est crucial, car la capacité qu'aura le méta-apprentisseur d'aiguiller correctement repose sur l'idée qu'un lien existe entre la description

des bases de données, tel qu'elle est faite par la caractérisation choisie, et l'algorithme d'apprentissage automatique qu'il convient d'utiliser. Nous devons donc
supposer que les mesures statistiques représentant cette caractérisation sont suff-
isantes pour établir ce lien. Les auteurs de Weka-Metal se sont fiés aux travaux
menés par ?? et ??.

4.3.2 Un méta-attribut supplémentaire : la dépendance directe

Dans le cadre de ce projet, un nouvel élément de caractérisation a été ajouté
à ceux proposés par Weka-Metal. Il s'agit d'une mesure de la *dépendance directe*
entre l'attribut-classe de la base de données en question et de l'un de ses autres
attributs.

La dépendance directe mesurée pour un attribut nominal a peut être décrite
par D_a de cette façon :

$$D_a = \sum_{v \in E_a} \frac{|\{y = E_c | y = mode(\{z = F_c | F = \{x \in E | x_a = v\}\})\}|}{|x \in E | x_a = v|}$$

où E est l'ensemble des exemples, E_a est l'ensemble des valeurs possibles pour
l'attribut a, E_c est l'ensemble des valeurs possible pour l'attribut-classe. De
plus, si $x \in E$, alors x_a est la valeur de l'attribut a pour l'exemple x, et x_c est
la valeur de l'attribut-classe pour l'exemple x.

La dépendance directe se mesure pour un attribut en particulier. Elle est
représentée par une valeur réelle entre zéro et un. Tel que la formule ci-haut
l'indique, elle est définie, pour un attribut nominal a, par le taux de succès qui
serait obtenu si un apprentisseur donnait, comme hypothèse, une fonction $f(x)$
qui retourne, pour une donnée x, et la valeur x_a qu'elle prend pour l'attribut
a, la valeur de l'attribut classe la plus fréquemment observée dans les exemples
qui prennent la valeur x_a pour l'attribut a.

Pour la mesurer sur un attribut numérique, on procède par une discrétisation,
en séparant les valeurs possibles en intervalles. Ensuite, la même procédure s'applique.

En fait, ce sont deux nouveaux méta-attributs qui sont ajoutés par ce calcul.
On considère le maximum de la dépendance directe entre chaque attribut et
l'attribut-classe, puis la moyenne de ces dépendances directes. Ainsi :

$$c_{13} = max_{a \in A \setminus A_c}(D_a)$$

$$c_{14} = \frac{sum_{a \in A \setminus A_c}(D_a)}{|A \setminus A_c|}$$

où c_{13} et c_{14} sont les deux nouveaux attributs de la caractérisation, puis A est
l'ensemble des attributs des exemples, et A_c est l'attribut classe.

Pour certaines bases de données avec un certain choix d'attribut-classe, il
existe un lien très simple entre l'attribut-classe en question et l'un des autres
attributs : celui défini par la fonction $f(x)$ mentionnée plus haut. L'intention

d'ajouter ces deux nouvelles mesures est de tenter d'identifier les cas où ce type de lien est possible, en supposant que certains apprentisseurs sont meilleurs que d'autre pour les détecter et les exploiter.

Ainsi, on peut espérer que le méta-apprentissage génère une hypothèse qui comporte l'association entre une forte valeur pour ce méta-attribut et l'utilisation d'un apprentisseur de base qui saurait utiliser ces liens simples ; ou inversement, qui comporte l'association entre une faible valeur pour ce méta-attribut et l'utilisation d'autres apprentisseurs de base.

4.4   Méta-attribut-classe

L'attribut-classe des méta-exemples, que nous nommerons *méta-attribut-classe*, doit consister en une valeur qui est le point de comparaison des algorithmes pour une certaine base de données. Les valeurs qu'il pourra prendre sont ce que l'hypothèse émise par le méta-apprentissage devra tenter de prédire pour des nouvelles bases de données.

Plusieurs façons de représenter la capacité d'un algorithme à bien apprendre sur un jeu de données s'appliquent. Notamment, nous discuterons dans ce qui suit de l'utilisation d'un méta-attribut-classe booléen fixé par un seuil, de l'utilisation directe du taux d'exactitude, de la considération d'un intervalle de confiance et d'un calcul de quantité d'information dans la mécanique de création de cet aiguilleur par méta-apprentissage.

4.4.1   Discrétisation par seuil

Il est possible de construire la base de méta-exemples en attribuant à chaque couple "caractérisation-algorithme", soit chaque exemple, la valeur *vrai* ou *faux* selon que la performance de l'apprentissage réalisé dépasse un certain seuil ou non. Par *performance*, on peut entendre *taux de succès* ou *valeur ARR*, telle que définie plus haut.

4.4.2   Intervalle de confiance

Le taux d'erreur des hypothèses émises par les algorithmes d'apprentissage automatique est estimé empiriquement par la séparation des exemples en sous-ensembles d'entraînement et de test, à l'aide de la technique de validation croisée.

Le calcul de ce taux d'erreur, aussi appelé *risque empirique*, comporte une certaine incertitude, et il est donc possible de déterminer un certain intervalle de confiance autour de celui-ci, selon un degré de confiance choisi. Ceci est obtenu à l'aide de calculs statistiques conventionnels.

La loi de Student inverse est utilisée pour fixer un intervalle σ autour de μ, le taux de succès évalué par la validation croisée. Ainsi, on le fixe à :

$$S \in [\mu - T_c^{-1}(\sigma), \mu + T_c^{-1}(\sigma)]$$

où $T_c^{-1}(\sigma)$ représente la valeur de Student inverse avec une confiance c pour

$$\sigma = \frac{\sqrt{\sum_{i=1}^{n}(x-\mu)^2}}{n}$$

où n est le nombre d'exemples. Puisque x, pour chaque exemple, prend la valeur 1 s'il est bien classé et 0 s'il l'est mal, $x - \mu$ vaudra $1 - \mu$ pour chaque exemple bien classé, et μ pour chaque exemple mal classé. Ainsi :

$$\sigma = \frac{\sqrt{a(1-\mu)^2 + b\mu^2}}{n} = \frac{\sqrt{a - 2a\mu + a\mu^2 + b\mu^2}}{n}$$

où a représente le nombre d'exemples bien classés, et b le nombre d'exemples mal classés $(a + b = n)$.

Il est raisonnable de considérer ces intervalles de confiance pour la comparaison, décrite plus haut, des taux d'erreur avec un seuil choisi par l'utilisateur. Cette technique mènera alors à trois possibilités :

1. Le taux de succès et son intervalle de confiance se situent complètement en deçà du seuil

2. Le taux de succès et son intervalle de confiance se situent complètement au delà du seuil

3. L'intervalle de confiance du taux de succès chevauche le seuil

Trois valeurs pour le méta-attribut-classe (dernière colonne) seront donc possibles : *non*, *oui*, et *peut-être*, crrespondant respectivement aux trois cas énumérés.

Cette technique implique le choix d'un taux de confiance sur les intervalles utilisés. Par exemple, si ce taux était fixé à 95%, cela signifierait qu'il y a 95% des chances que le taux d'erreur se situe dans l'intervalle de confiance calculé afin de déterminer la valeur du méta-attribut-classe.

La table 4.4.2 donne quelques exemples de valeurs du méta-attribut-classe pour des bases de données selon leur taille et le taux de succès obtenu pour l'apprentissage automatique effectué par l'algorithme *Decision Table*. Le seuil utilisé est 80%, puis le taux de confiance pour l'intervalle est de 90%.

4.4.3 Quantité d'information

La performance d'un algorithme d'apprentissage sur des données dont l'attribut-classe comporte de nombreuses valeurs possibles est plus remarquable qu'un apprentissage donnant le même taux de succès, mais pour des données dont l'attribut-classe peut prendre moins de valeurs. En effet, choisir la meilleure réponse parmi trente réponses possibles est plus difficile que choisir la meilleure réponse parmi deux réponses possibles.

Par exemple, une hypothèse, générée par un apprentissage automatique A, possède un taux d'exactitude de 90% pour sa capacité à prédire la valeur d'un attribut pouvant prendre 20 valeurs possibles. Un autre apprentissage B, lancé

Base de données	Nombre d'exemples	Taux de succès	¿ 80% ?
audiology	69	0.960	oui
autos	10	0.961	oui
colic	15	0.755	non
heart	7	0.799	peut-être
hypothyroid	22	0.690	non
hypothyroid	22	0.938	yes
labor	8	0.821	peut-être
mushroom	22	0.423	non
primary	17	0.882	oui
sick	22	0.995	oui
soybean	35	0.965	oui
squash	3	1.000	oui
vote	16	0.849	oui
vowel	3	1.000	oui

TAB. 4.2 – Exemple de méta-exemples pour l'algorithme Decision Table avec un seuil de 0,80 et un intervalle de confiance de 0,90

sur une base de données dont l'attribut-classe est booléen, génère une hypothèse capable de prédire la valeur booléenne avec un taux de succès de 93%.

Selon la théorie de l'information, l'apprentissage A est plus difficile à réaliser que l'apprentissage B, car une certitude sur la prédiction d'une valeur prise parmi un grand ensemble de valeurs possibles est plus difficile à obtenir que celle sur la prédiction d'une valeur prise parmi un petit ensemble de valeurs possibles.

Il s'agit alors de calculer le nombre de *bits par prédiction* à partir de la fréquence de chaque classe, puis du taux d'exactitude fourni par l'hypothèse générée par l'apprentisseur, de cette façon :

$$Q = -S \sum_{i=1}^{c} f_i log_2 f_i$$

où c représente le nombre de valeurs possibles pour l'attribut-classe, $f_{1..c}$ représente la fréquence de chacune des valeurs possibles pour l'attribut-classe, et S représente le taux de succès obtenu pour l'apprentissage.

C'est notamment un point de comparaison utilisé lorsque le nombre de classes est variable d'un apprentissage à un autre. Par exemple, Lawrence Hunter ([eGT94b]) utilise cette métrique afin de comparer un apprentissage sur 27 classes avec un apprentissage sur 3 classes.

Utiliser le résultat d'un calcul de quantité d'information, plutôt que le taux de succès brut, correspondra à modifier le taux de succès par une valeur qui dépend de la base de données, soit le nombre de classes possibles, car lors de l'utilisation de l'aiguilleur, on désirera élire un apprentisseur pour une base de données en particulier.

L'intérêt du calcul de la quantité d'information est donc amoindri par le fait que pour une même base de données, l'apprentisseur pour lequel on prédit une capacité à retrouver une hypothèse induisant la meilleure quantité d'information sera nécessairement le même que celui pour lequel on prédit le plus grand taux de succès. Puisqu'on compare l'efficacité des algorithmes pour une même base de données à aiguiller, la quantité d'informations n'influence pas le choix.

Cependant, pour un méta-attribut-classe utilisant un seuil, il pourrait être intéressant de fixer le seuil sur la quantité d'information afin de ne pas considérer injustement *mauvais* des apprentissages dont le taux de succès est moins élevé mais qui concernent une classe comportant de nombreuses valeurs possibles.

4.4.4   Le taux de succès

Le taux de succès peut être utilisé directement comme méta-attribut-classe si l'algorithme d'apprentissage utilisé comme méta-apprentisseur permet les classes numériques.

Dans ce cas, la considération du temps d'exécution pris pour les apprentissages de base ne pourrait pas être faite à partir du calcul utilisé pour la valeur ARR, puisque ce calcul demande de comparer deux algorithmes entre eux. Par contre, il serait possible de modifier le taux de succès par le temps d'exécution, par exemple en divisant le taux de succès par le logarithme du temps d'exécution pris.

Il est à noter qu'utiliser un seuil afin de discrétiser le méta-attribut-classe revient probablement à ce qu'un humain ferait de façon spontanée, c'est-à-dire considérer qu'un apprentissage dont la fiabilité est au-delà d'un certain seuil comme *bon*, indépendemment de son taux de précision exact, et considérer les apprentissages qui sont dessous un certain seuil comme tous *mauvais*. Ainsi, le choix d'un algorithme d'apprentissage automatique dépendrait uniquement de ce qui est réellement intéressant d'un point de vue humain, c'est-à-dire le caractère *fiable* ou *non fiable* des apprentissages, selon qu'ils dépassent ou non un certain seuil. Ce seuil doit être fixé par l'usager.

4.5   Méta-apprentissage

Après avoir choisi une technique d'élaboration du méta-attribut-classe, les méta-exemples sont créés par l'apprentissage sur tous les jeux de données disponibles, avec tous les algorithmes parmi lesquels nous désirons que l'aiguilleur choisisse.

Vient alors le temps de procéder au méta-apprentissage. Celui-ci peut se faire, grâce au système élaboré au cours de ce projet, par l'un ou l'autre des algorithmes disponibles dans Weka, incluant les deux algorithmes que nous y avons ajoutés.

Il est à noter que le terme "méta-apprentissage" peut être utilisé généralement pour deux opérations bien différentes dans la littérature sur l'apprentissage automatique. Les deux utilisations du terme désignent un algorithme d'apprentissage automatique *placé au dessus* d'autres algorithmes d'apprentissage, mais poursuivant un but différent. Certains parlent de méta-apprentissage comme étant ce que fait l'algorithme qui apprend à combiner les réponses de différents apprentisseurs de base de façon à tenter d'améliorer la performance des prédictions du système. Ce que ce projet nomme méta-apprentissage est plutôt l'apprentissage menant à une sélection d'algorithme.

4.5.1 Algorithmes de méta-apprentissage

Le tableau 2.3 indique quels algorithmes de Weka peuvent être utilisés selon certaines caractéristiques de la base de données sur laquelle on désire apprendre, soit le type des attributs et le type de l'attribut-classe.

La possibilité ou non d'utiliser chacun de ces algorithmes comme méta-apprentisseur dépendra donc de la caractérisation des données, puis du choix de méta-attribut-classe. En effet, la technique du seuil simple correspond à un méta-attribut-classe booléen, celle du seuil avec intervalle de confiance implique un méta-attribut-classe nominal à trois classes, puis celle du taux de succès direct correspond à un méta-attribut-classe numérique.

Ainsi, *ID3* et *Prism* ne pourront jamais servir de méta-apprentisseur étant donné que la caractérisation consiste en des méta-attributs numériques. Les apprentisseurs *Decision Stump*, *Decision Tables*, *IB1*, *KStar*, *SWNeural* et *SWC45* pourront être utilisés peu importe la technique de méta-attribut-classe utilisée.

On remarque que *LinearRegression*, *LWR* et *M5Prime* pourront seulement (et devront) être utilisés avec la technique de taux de succès direct ; et que *Logistic* et *SMO* ne pourront être choisis que si l'on ne considère pas d'intervalle de confiance pour le seuil.

4.5.2 Quand méta-apprendre ?

L'apprentissage automatique est, entre autre, une façon d'adapter le comportement d'un système à des situations nouvelles. Il y a donc lieu de s'interroger sur la nécessité de recommencer le méta-apprentissage lorsque l'aiguilleur prévoit être utilisé pour un domaine *différent*, ou un ensemble *différent* de données sur lesquelles il y aura un besoin d'appliquer des algorithmes de découverte de connaissances. Il est difficile d'établir à quel point l'hypothèse émise par le méta-apprentisseur pourrait être générale et donner un bon choix d'algorithme peu importe les données qu'on lui fournit.

D'ailleurs, comme pour n'importe quel apprentissage, plus les méta-exemples sont nombreux, meilleures seront les chances d'obtenir un aiguillage juste. Il serait donc intéressant d'utiliser un algorithme d'apprentissage automatique qui soit incrémental, afin d'améliorer l'aiguilleur chaque fois qu'il est utilisé.

4.6 Aiguillage

Une fois le méta-apprentissage effectué, il suffit d'utiliser l'hypothèse générée afin de sélectionner l'algorithme d'apprentissage automatique à utiliser lorsqu'une nouvelle base de données est soumise au système.

Pour ce faire, deux étapes sont nécessaires : la caractérisation de la nouvelle base de données, puis l'élection d'un algorithme.

4.6.1 Caractérisation de la nouvelle base de données

Il s'agit d'une opération triviale et rapide, car le seul calcul à effectuer est la caractérisation de cette nouvelle base de données. Il s'agit donc, nous en avons discuté à la section 3.2.3, d'opérations de l'ordre variant entre $O(1)$ et $O(|A| \times |E|)$, où A représente l'ensemble des attributs et E l'ensemble des exemples constituant la base de données à caractériser.

Si la taille de la base de données à aiguiller est particulièrement grande, il sera possible d'estimer les valeurs des différents attributs de la caractérisation à partir d'un échantillon de ces données.

4.6.2 Sélection d'un algorithme parmi les candidats

Les méthodes décrites précédemment utilisent un méta-apprentissage par algorithme disponible pour générer une hypothèse qui indique, à partir de la caractérisation d'une nouvelle base de données, si l'algorithme en question est susceptible de donner un taux de succès acceptable.

Une nouvelle base de données, caractérisée et ainsi donnée en entrée à l'hypothèse de chacun des méta-apprentisseurs, pourrait donner lieu à plusieurs candidats potentiellement performants pour l'apprentissage automatique. Il faut donc en choisir un parmi ceux-ci.

4.6.3 Candidats issus d'un méta-attribut-classe booléen

Si le méta-attribut-classe utilisé est booléen selon qu'il dépasse un certain seuil ou non, tel que décrit à la section 4.4.1, il s'agira de choisir l'algorithme, parmi ceux proposés comme dépassant le seuil, pour lequel le taux de succès a été le meilleur lors du méta-apprentissage. Autrement dit, on choisit l'algorithme pour lequel l'hypothèse qui prévoit que le taux de succès dépasse le seuil est la plus fiable.

Si les hypothèses de tous les méta-apprentisseurs indiquent *non*, on choisira le *non* dont on est le moins certain, c'est-à-dire celui donné par le résultat du méta-apprentissage le moins fiable.

4.6.4 Candidats issus d'un méta-attribut-classe avec intervalle de confiance

Si les trois résultats possibles de l'utilisation des hypothèses générées par les méta-apprentissages sont *oui*, *non* ou *peut-être*, selon qu'il dépasse ou non le seuil (voir section 4.4.2), on procèdera un peu de la même façon qu'avec un méta-attribut-classe booléen, en donnant priorité au *oui* dont on est le plus

Algorithme	Réponse du méta-apprentisseur	Taux de succès du méta-apprentissage
C4.5	Peut-être	0.71
ID3	Non	0.84
HyperPipes	Oui	0.96
RN	Oui	0.84
M5	Non	0.84
KStar	Peut-être	0.88
NaiveBayes	Oui	0.89

TAB. 4.3 -- Exemple de réponses de plusieurs méta-apprentisseurs sur une nouvelle bases de données à aiguiller, avec un méta-attribut-classe par seuil avec intervalle de confiance

certain s'il y a des *oui*, ensuite aux *peut-être*, puis au *non* dont on est le moins certain s'il n'y a aucun *oui* ni *peut-être*.

Le tableau 4.3 donne un exemple de situation où il faudrait départager le choix des méta-apprentisseurs associés aux algorithmes *HyperPipes*, *RN* et *NaiveBayes*, étant donné que les trois indiquent que leur algorithme donnerait un taux de succès acceptable pour la nouvelle base de données dont on leur a passé la caractérisation. Il faudrait, dans ce cas, élire l'algorithme *HyperPipes* puisque le *Oui* auquel il correspond est indiqué par le résultat d'un méta-apprentissage dont le taux de succès était de 96%, par opposition à des *Oui* que l'on considère fiables à 84% et 89% respectivement pour les algorithmes *RN* et *NaiveBayes*.

4.6.5   Candidats issus des autres types de méta-attributs-classe

Si le méta-attribut-classe utilisé est directement le taux de succès, ou le taux de succès modifié par le facteur temps, tel que décrit en la section 4.4.4, il suffira d'élire l'algorithme pour lequel le résultat du méta-apprentissage prédit le meilleur taux pour la nouvelle base de données en question.

Si un calcul de la quantité d'information est utilisé, tel que l'explique la section 4.4.3, on utilisera l'algorithme pour lequel l'hypothèse générée par le méta-apprentissage indique la plus grande quantité d'information si celle-ci a été utilisée directement comme méta-attribut-classe, ou on procèdera comme à la section 4.6.3 si un seuil a été utilisé.

4.7   Validation

L'un des apports de ce projet à Weka-Metal est de permettre le choix du méta-apprentisseur parmi un ensemble d'algorithmes d'apprentissage automatique, puis de permettre que le méta-apprentissage s'effectue exactement de la même façon qu'un apprentissage quelconque.

Ainsi, il est possible de séparer les méta-exemples en un ensemble test et un ensemble d'entraînement, de la même façon qu'il est courant de le faire avec des exemples pour un apprentissage quelconque. Cette opération mène aux techniques connues de validation comme la validation croisée.

Cette section discute aussi d'une autre façon d'évaluer l'aiguilleur, nommée *accumulation de l'erreur*.

4.7.1 Validation croisée pour le méta-apprentisseur

La validation croisée est une méthode de validation d'un apprentissage automatique pour laquelle il faut d'abord procéder à la séparation des exemples d'apprentissage en k sous-ensembles. Ensuite, l'algorithme est lancé k fois, chacune avec les $\frac{k-1}{k}$ des exemples pour l'entrainement, puis les $\frac{1}{k}$ autres pour le test, c'est-à-dire le calcul d'un taux d'erreur. On prend ensuite la moyenne des k taux d'erreurs calculés.

Les méta-exemples peuvent être employés exactement de la même façon lors du méta-apprentissage, et le taux d'erreur obtenu constituera une évaluation de l'erreur sur le choix de l'apprentisseur.

4.7.2 Accumulation de l'erreur

Un problème survient par rapport à une simple validation croisée pour l'évaluation de l'aiguilleur. En effet, si l'aiguilleur, en utilisant l'hypothèse émise par le méta-apprentisseur, choisit un autre algorithme que le meilleur, la méthode d'évaluation par validation croisée considèrera qu'il s'agit d'une erreur.

Par contre, on pourrait être relativement satisfait d'un aiguilleur qui sélectionne la plupart du temps, par exemple, le deuxième meilleur algorithme, pour autant que ce dernier donne un taux de succès relativement près de celui qu'aurait donné le meilleur. Avec la validation croisée, toutes les erreurs sont aussi graves. Autrement dit, la différence entre un mauvais choix et un très mauvais choix ne sera pas prise en compte.

La technique de l'accumulation de l'erreur s'intéresse à la différence entre l'erreur des algorithmes d'apprentissage automatique choisis par l'aiguilleur, et celle des meilleurs algorithmes pour chaque cas. Elle est calculée de cette façon :

$$\frac{\sum_{i=1}^{n} M_i - C_i}{n}$$

où n = le nombre de bases de données, $C_{1..n}$ représente le taux de succès obtenu par l'algorithme choisi par l'aiguilleur pour chacune des bases de données, et $M_{1..n}$ représente le taux de succès obtenu par l'algorithme le plus performant en réalité pour chacune des bases de données. Il s'agit donc de l'estimation de la moyenne de l'erreur ajoutée par l'utilisation de l'aiguilleur sur l'apprentissage automatique qu'on veut faire pour une base de données.

Par exemple, supposons que trois bases de données sont soumises à l'aiguilleur. Le meilleur algorithme pour la première est C4.5 avec un taux de succès égal à 97%, pour la deuxième, c'est un réseau de neurones avec 91%, puis la troisième permet un apprentissage, à l'aide de IB1 avec un taux de succès de 93%. Si l'aiguilleur choisit C4.5 pour la première, mais que par erreur, il choisit

HyperPipes pour la deuxième et la troisième, le taux de succès obtenu pour les
deux dernières sera inférieur à celui qu'on obtiendrait avec le réseau de neurones
et IB1. Disons que les trois apprentissages effectués avec les algorithmes choisis par l'aiguilleur donnent respectivement : 97%, 89% et 81%. L'accumulation
de l'erreur, en tant que technique d'évaluation, indiquerait donc une différence
moyenne de $\frac{(0,97-0,97)+(0,91-0,89)+(0,93-0,81)}{3} = 0,047$, signifiant qu'en moyenne,
l'aiguilleur ajoute 4,7% à l'erreur par rapport à un aiguilleur qui serait parfait.

C'est à partir de cette technique que les résultats du tableau 5.9 ont été
obtenus. Ces résultats serviront de point de comparaison entre Weka-Metal et
l'aiguilleur développé dans le cadre de ce projet.

Les résultats, présentés au chapitre suivant, consisteront principalement en
l'évaluation de l'aiguilleur à l'aide de cette technique. Il s'agira d'évaluer l'aiguilleur selon plusieurs configurations possibles, soit différents choix de méta-
attribut-classe, et différents choix d'algorithme pour le méta-apprentisseur.

Chapitre 5

Expérimentations et résultats

Les expérimentations effectuées doivent se faire en plusieurs étapes, soit celle de l'apprentissage des apprentisseurs de base, la construction des méta-exemples selon un choix de méta-attribut, le méta-apprentissage sur les méta-exemples, puis la validation de l'aiguilleur pour un choix de méthode. Ces étapes ont été décrites au chapitre 4.

Étant donnés les quatre choix de méta-attribut-classe possibles, les différentes façons de méta-apprendre, les paramètres d'importance du temps (k), de seuil et d'intervalle de confiance, ainsi que les nombreux choix d'algorithmes pour le méta-apprentisseur et pour les apprentisseurs de base, des tests complets sur toutes les possibilités pour ce système n'ont pas pu être effectués de façon exhaustive dans le cadre de ce projet.

Un cas comportant cinq algorithmes d'apprentissage automatique de base est étudié. Quelques méthodes de création de méta-exemples seront étudiées sur ce cas, et les résultats de la validation de l'aiguilleur correspondant à ces tests seront discutés. Par la suite, une comparaison de la présente méthode est faite avec celle d'aiguiller de façon aléatoire, puis avec celle de Weka-Metal.

5.1 Les algorithmes et les données

Les algorithmes les plus aisément utilisables pour la découverte de connaissances à partir de données sont ceux dont les contraintes fortes [1] semblent le moins empêcher l'apprentissage automatique sur les données qui semblent les plus couramment utilisées en forage de données.

Les algorithmes d'apprentissage automatique utilisés pour ces tests sont ceux énumérés dans la table 5.1. Ces cinq apprentisseurs, tel qu'indiqué à la table

---

[1]Les contraintes fortes sont décrites à la section 2.3.4

Decision Stump
Decision Table
Hyper Pipes
OneR
SWNeural

TAB. 5.1 – Algorithmes utilisés pour les expérimentations

2.3, peuvent être utilisés sur des données dont l'attribut-classe est nominal, contrainte que toutes les données utilisées pour les tests respectent.

Les bases de données à partir desquelles ont été générés les méta-exemples proviennent d'une source fort commune en recherche sur la découverte de connaissances à partir de données, soit la University of California, Irvine. Leurs noms sont mentionnés dans la table 5.2.

Chacune de ces bases de données comprend plusieurs attributs nominaux. Puisque les présents tests sont faits sur des algorithmes pouvant être exécutés sur des attributs-classe nominaux, divers choix d'attributs-classe sont possible pour chaque base de données. La méthode expliquée à la section 4.2.1 a ainsi été utilisée afin d'obtenir 443 méta-exemples.

Pour simplifier, dans les explications qui suivent, on parlera de 443 bases de données distinctes même s'il s'agit en fait de 25 bases de données, multipliées par le nombre d'attributs nominaux que chacune d'elles comporte.

5.2 Utilisation d'un seuil

Premièrement, la technique d'utilisation d'un seuil a été utilisée. Rappelons que le seuil sert à déterminer si, pour chaque base de données, pour chaque apprentisseur de base, l'apprentissage automatique effectué a été satisfaisant ou non. Cette technique génère donc des méta-exemples dont l'attribut-classe est booléen.

Un taux de confiance peut ensuite être choisi pour déterminer un intervalle autour du taux de succès obtenu pour chaque apprentissage. Cet intervalle est alors utilisé afin de déterminer si le taux de succès est clairement satisfaisant (*oui*), s'il est à l'intérieur de l'intervalle (*peut-être*), ou s'il est clairement en deça (*non*). Avant même d'inclure la considération d'un intervalle de confiance sur le dépassement ou non de ce seuil, certaines observations sont intéressantes, et seront discutées à la section 5.2.2.

5.2.1 Choix d'un seuil

Le choix du seuil dépend sans doute d'abord et avant tout des préférences de l'utilisateur. Cependant, certains choix peuvent mieux partager les apprentissages que d'autres. En effet, le tableau 5.3 démontre que les algorithmes des présents tests donnent souvent un taux de succès semblable pour chaque base

Base de données	Nombre d'attributs nominaux
Anneal	25
Anneal2	9
Audiology	69
Autos	10
Breast Cancer	9
Colic	15
Colic2	20
Credit	22
Eucalyptus	3
Grub	6
Heart	7
Hepatitis	13
Kr-vs-kp	36
Labor	8
Lymph	15
Mushroom	21
Primary-tumor	17
Soybean	35
Splice	61
Squash-stored	2
Squash-unstored	2
Vote	16
Vowel	2
White-clover	4
Zoo	16

TAB. 5.2 – Bases de données utilisées pour les expérimentations

de données. Il est donc fréquent d'avoir, pour une base de données, la même réponse pour l'attribut-classe.

Seuil (%)	Tous $\geq$	Tous $<$	Partagés	Décisifs
50	221	72	150	9
55	198	88	157	9
60	175	101	167	5
65	164	115	164	7
70	151	128	164	8
75	131	149	163	5
80	120	174	149	10
85	103	197	143	8
90	89	229	125	7
95	62	269	112	10
100	0	399	44	5

TAB. 5.3 – Comparaison de différents seuils pour les expérimentations du cas général

Dans le tableau 5.3, la colonne identifiée par *Tous* $\geq$ indique le nombre de bases de données pour lesquelles les cinq apprentisseurs ont effectué un apprentissage dont le taux de succès était supérieur ou égal au seuil. La colonne *Tous* $<$ donne le nombre de bases de données pour lesquelles les cinq apprentissages ont eu un taux de succès inférieur au seuil. Enfin, la colonne *Partagés* donne le nombre de cas pour lesquels les certains apprentissages ont dépassé le seuil, et d'autres non.

On remarque que de façon générale, la plupart des choix de seuils départagent plutôt mal les apprentissages sur les bases de données. De plus, nous pouvons considérer que les bases de données pour lesquelles un et un seul apprentisseur dépasse le seuil sont des cas qui faciliteront le choix d'un seuil apprentisseur. Rappelons que nous désirons, lors de l'utilisation de l'aiguilleur, n'élire finalement qu'un seul algorithme. L'utilisation des hypothèses apprises par les méta-apprentisseurs suggère souvent plusieurs choix d'algorithmes et que nous devons en choisir un en se basant sur le taux de succès des méta-apprentissages (voir section 4.6.2). Il serait donc préférable d'optimiser nos chances de ne se faire suggérer qu'un seul algorithme par les hypothèses des méta-apprentissages, afin d'éviter l'erreur induite par ce choix.

Les cas les plus avantageux sont donc ceux où un seul des algorithmes dépasse le seuil. Il serait donc judicieux de choisir le seuil de façon à maximiser le nombre de cas, dans les méta-exemples, où ce phénomène survient. La colonne *Décisifs*, toujours dans la table 5.3, indique le nombre de bases de données pour lesquelles un seul des cinq apprentisseurs réussit à atteindre ou dépasser le seuil.

Partant, les seuils de 80% et de 95% semblent préférables. Les tests suivants ont été effectués en utilisant un seuil de 80%.

5.2.2 Description des expérimentations

Après avoir fixé le seuil à 80% pour les raisons énoncées ci-haut, le reste de la méthode par seuil a été expérimenté. Un intervalle de confiance de 90% a d'abord été fixé. En examinant la distribution des trois valeurs possibles pour le méta-attribut-classe, détaillée dans la table 5.4, on remarque que les *peut-être* se font rares malgré l'intervalle de confiance relativement faible.

Apprentisseur de base	Nombre de *oui*	Nombre de *non*	Nombre de *peut-être*
Decision Stump	201	238	4
Hyper Pipes	174	266	3
OneR	209	229	5
SWC45	218	223	2
SWNeural	228	212	3

TAB. 5.4 – Distribution des valeurs possibles pour l'attribut-classe des méta-exemples

Augmenter le taux de confiance pour l'intervalle de confiance aurait pour effet de diminuer de plus belle le nombre de *peut-être*. L'utilisation de l'intervalle a donc peu d'impact sur l'aiguillage, et une augmentation de ce taux réduirait pratiquement l'effet de l'intervalle de confiance à néant.

Les choix qu'il reste à faire concernent la sélection d'un méta-apprentisseur pour l'apprentissage sur les méta-exemples correspondant à chaque apprentisseur de base. Pour ce faire, n'importe quel algorithme d'apprentissage pouvant utiliser un attribut-classe nominal peut être employé, étant donné les trois classes : *oui* ($\geq$), *non* ($<$) et *peut-être* ($\approx$).

Des tests de méta-apprentissage ont été effectués pour chaque table de méta-exemples, avec chacun des mêmes cinq apprentisseurs en guise de méta-apprentisseur. Ensuite, le taux d'erreur ajouté moyen a été calculé afin de valider l'aiguillage final issu de ces expérimentations. Il s'agit de la méthode de validation décrite à la section 4.7.2.

5.2.3 Résultats

Plusieurs algorithmes d'apprentissage automatique ont été essayés comme méta-apprentisseur pour chacun des cinq apprentisseurs de base. Le meilleur méta-apprentisseur a été retenu pour chacun, et les taux de succès des meilleurs méta-apprentissages effectués sont donnés à la table 5.5.

Puisque la technique du seuil a été choisie pour ces tests, ce sont les hypothèses apprises par ces cinq méta-apprentisseurs qui seront utilisées lors de l'aiguillage d'une nouvelle base de données. Ainsi, chacun des cinq répondra *oui*, *non* ou *peut-être* à la question «*devrait-on utiliser tel algorithme pour effectuer l'apprentissage automatique sur cette nouvelle base de données ?*». Rappelons que parmi tous ceux qui répondront *oui*, on choisira celui dont la réponse est la plus fiable, soit celui dont le méta-apprentisseur a donné le meilleur taux de

Apprentisseur de base	Meilleur méta-apprentisseur	Taux de succès
Decision Stump	J48	*98,6456%*
Hyper Pipes	J48	89,1648%
OneR	J48	93,6795%
SWC45	J48	91,8796%
SWNeural	J48	90,0677%

TAB. 5.5 – Meilleurs méta-apprentisseurs

succès. En l'occurence, si les cinq répondent *oui*, ce sera *Decision Stump* qui sera choisi.

Inversement, si les cinq hypothèses des méta-apprentisseurs, pour une nouvelle base de données à aiguiller, répondent *non*, ce sera le *non* dont on est le moins certain qui sera considéré comme faux, et c'est l'apprentisseur de base correspondant qui sera élu. Ainsi, pour la présente expérience, c'est *Hyper Pipes* qui sera choisi pour l'apprentissage dans le cas où toutes les réponses sont *non*.

Cette technique de sélection d'algorithme a été testée avec les 443 bases de données afin de calculer la moyenne de l'erreur ajoutée par rapport à l'utilisation de l'algorithme choisi par un aiguilleur idéal. Cette moyenne est de *9,328%*. Cela signifie que pour une nouvelle base de données, utiliser l'aiguilleur automatique ayant la configuration décrite dans cette section permettrait le choix d'un algorithme duquel on peut espérer obtenir un taux de succès d'environ 9,328% inférieur à celui qu'on obtiendrait si on choisissait réellement le meilleur algorithme.

Les sections qui suivent proposent une autre configuration de l'aiguilleur.

5.3 Nom du meilleur algorithme comme méta-attribut-classe

La présente technique est relativement simple. Elle consiste à donner tout simplement le nom du meilleur algorithme comme méta-attribut-classe. Il s'agira donc d'un méta-attribut-classe nominal, à partir duquel un seul méta-apprentissage sera effectué. Ce dernier génèrera une hypothèse donnant directement un choix d'algorithme à utiliser.

Examinons d'abord les taux de succès obtenus par ces méta-apprentissages, pour plusieurs méta-apprentisseurs. Ces taux sont indiqués à la table 5.6.

À première vue, ces taux de succès paraissent faibles. Cependant, cela vaut la peine d'explorer cet aiguilleur plus en profondeur, et de calculer la moyenne de l'erreur qu'il ajoute à l'apprentissage par le choix qu'il suggère, à l'aide de la technique de l'accumulation moyenne d'erreur. Les résultats que cela donne, indiqués à la table 5.7, sont intéressants.

La meilleure configuration de l'aiguilleur possible s'avère donc être l'algorithme IB1 utilisé en tant que méta-apprentisseur sur des méta-exemples dont

Méta-apprentisseur	Erreur moyenne ajoutée à l'apprentissage
J48	47,8555%
OneR	50,7901%
Decision Table	52,1445%
Decision Stump	40,8578%
Naive Bayes	35,8916%
Hyper Pipes	41,535%
IB1	48,7585%

TAB. 5.6 – Taux de succès pour différents méta-apprentissages avec un méta-attribut-classe indiquant le nom du meilleur algorithme

Méta-apprentisseur	Taux de succès
J48	1,18242%
OneR	2,52873%
Decision Table	3,09098%
Decision Stump	4,61275%
Naive Bayes	3,33806%
Hyper Pipes	3,94938%
IB1	*0,197996%*

TAB. 5.7 – Ajout moyen au taux d'erreur pour différents méta-apprentissages pour un méta-attribut-classe indiquant le nom du meilleur algorithme

l'attribut-classe est le nom de l'algorithme de base le meilleur. Cet aiguilleur ajoute en moyenne une erreur *0,198%* sur le taux d'erreur de l'apprentissage effectué à l'aide de l'algorithme qu'il choisit.

5.4 Comparaison avec un aiguilleur effectuant un choix au hasard

L'espérance de l'erreur ajoutée en moyenne par un aiguilleur qui effectuerait un choix au hasard ($Err\widehat{H}asard$) peut se calculer de la façon suivante :

$$Err\widehat{H}asard = \frac{\sum_{i=1}^{n} \frac{\sum_{j=1}^{a} max_a(Err_{a,i}) - Err_{j,i}}{a}}{n}$$

où n est le nombre de bases de données, a est le nombre d'algorithmes d'apprentissage de base, et $Suc_{a,i}$ représente le taux de succès de l'algorithme a pour la base de données i.

Il s'agit donc de compter, pour chaque base de données, la moyenne des taux de succès obtenus par chacun des apprentisseurs de base sur chaque base de données, puis de la soustraire du taux de succès du meilleur. La moyenne de ce calcul pour toutes les bases de données donne un estimateur de l'erreur accumulée pour un aiguilleur qui donne un choix au hasard.

Pour le cas présent, avec $n = 443$ et $a = 5$, l'espérance de l'erreur moyenne ajoutée par l'aiguilleur qui choisit au hasard donne *6,670%*. L'aiguilleur dont on parle à la section 5.3 donne donc un taux d'erreur préférable à l'aiguilleur qui choisit au hasard.

5.5 Comparaison avec un aiguilleur effectuant un choix constant

Le tableau 5.8 montre les résultats des tests de validation de l'aiguilleur par accumulation de l'erreur ajoutée, telle que décrite à la section 4.7.2, pour un aiguilleur qui sélectionne tout simplement toujours le même algorithme. La performance d'un aiguilleur choisissant constamment le même algorithme, indépendemment de la caractérisation de la base de données à aiguiller, a été mesurée pour chacun des choix possibles d'apprentisseurs de base. Les erreurs ajoutées correspondent à la différence entre le taux d'erreur issu de l'utilisation de chacun des aiguilleurs constants et celui issu de l'utilisation du meilleur. Il s'agit donc d'une comparaison de ces aiguilleurs simples encore une fois avec l'aiguilleur idéal.

L'algorithme *SWNeural* l'emporte donc sur les autres par rapport à la moyenne de l'erreur ajoutée sur l'apprentissage automatique d'une base de données lorsqu'elle est aiguillée constamment vers lui. On obtiendrait alors un aiguilleur simple qui engendrerait un ajout moyen de 4,329% au taux d'erreur sur l'apprentissage. Il

Choix constant	Moyenne de l'erreur ajoutée (%)
Decision Stump	5,271
Hyper Pipes	12,513
OneR	5,983
SWNeural	4,329

TAB. 5.8 – Accumulation de l'erreur pour les choix constants

est à noter que *SWNeural* ne serait choisi par l'aiguilleur idéal que dans 16,48% des cas.

Le meilleur aiguilleur, celui discuté à la section 5.3 et donnant un ajout d'erreur de 0,198% en moyenne, est donc réellement utile et permet d'améliorer le taux de succès moyen par rapport au simple choix constant de l'algorithme *SWNeural*. Non seulement le taux de succès est moins bon, mais encore faudrait-il avoir la connaissance nécessaire pour effectuer le meilleur de ces choix constants.

5.6 Comparaison avec Weka-Metal

Weka-Metal utilise une technique de méta-apprentissage par plus proche voisin, et doit donc être paramétrisé par k, un nombre de voisins à considérer. Ce système donne un classement pour les différents algorithmes. Afin de l'utiliser comme aiguilleur, il suffit de sélectionner le premier algorithme dans le classement donné par Weka-Metal.

Des tests ont été effectués avec Weka-Metal pour les 443 bases de données utilisées avec les cinq algorithmes mentionnés précédemment. La table 5.9 donne le calcul de l'erreur ajoutée en moyenne par l'aiguillage donné par le premier choix du classement de Weka-Metal, pour différentes valeurs de k.

Avec k valant 8, on obtient une erreur ajoutée en moyenne de 1,73%. L'aiguilleur décrit en 5.3 reste supérieur à celui-ci.

5.7 Résultat : le meilleur aiguilleur

Selon les tests effectués, l'aiguilleur décrit à la section 5.3 est donc le meilleur. Il s'agit d'un méta-apprenteur IB1 utilisant un méta-attribut-classe indiquant le nom du meilleur algorithme pour chaque méta-exemple. Cet aiguilleur, nous l'avons vu, ajoute en moyenne *0,198%* au taux d'erreur obtenu pour les apprentissages avec l'algorithme qu'il choisit. Il s'agit d'un taux d'erreur préférable à celui donné par le meilleur aiguilleur qui choisisse toujours *SWNeural*, car ce dernier ajoute en moyenne 4,329% au taux d'erreur. Il s'agit aussi d'un taux d'erreur préférable à un choix aléatoire, ce qui ajouterait en moyenne 6,670% d'erreur. D'ailleurs, il dépasse les performances de Weka-Metal utilisé en tant qu'aiguilleur, soit 1,73% d'erreur ajoutée en moyenne dans le meilleur cas.

TAB. 5.9 – Résultats de Weka-Metal pour différents k

k	Erreur ajoutée en moyenne
k=1	+2,65%
k=2	+2,09%
k=3	+2,10%
k=4	+2,02%
k=5	+1,88%
k=6	+1,85%
k=7	+1,78%
k=8	+1,73%
k=9	+1,84%
k=10	+1,98%
k=11	+2,09%
k=12	+2,11%
k=13	+2,21%
k=14	+2,15%

Puisque *IB1* est un apprentisseur à base de plus proche voisin, le fait que ce soit lui qui se soit avéré le meilleur permet d'effectuer le méta-apprentissage de façon incrémentale. Ainsi, chaque nouvelle base de données aiguillée pourra enrichir l'expérience de l'aiguilleur sans à voir à méta-apprendre à nouveau sur tous les méta-exemples précédents.

En contrepartie, on ne peut donc pas visualiser l'allure de l'hypothèse qu'*IB1* utilise pour aiguiller. Par contre, le deuxième meilleur aiguilleur est celui *méta-appris* par *J48*, une implémentation de l'algorithme C4.5. Étant donné que l'hypothèse méta-apprise est un arbre de décision, on peut observer les règles utilisées par l'aiguilleur d'après l'arbre produit. Le tableau 5.10 indique, pour satisfaire notre curiosité, les méta-attributs utilisés dans cet arbre de décision.

Nombre d'exemples incomplets
Nombre de valeurs manquantes au total dans les exemples
Dépendance directe moyenne
Dépendance directe maximale
Nombre de valseurs possibles pour l'attribut-classe
Moyenne des Kurtosis
Fréquences du mode ou de la moyenne
Nombre d'attributs nominaux
Nombre d'attributs numériques
Nombre d'exemples
Moyenne des moyennes
Nombre d'attributs

TAB. 5.10 – Méta-attributs utilisés par le deuxième meilleur aiguilleur

Chapitre 6

Conclusion

À partir d'un projet de prédiction de classement d'algorithmes selon une certaine caractérisation des données, un système permettant de choisir un algorithme d'apprentissage automatique a été développé. Ce système a permis de tester plusieurs façons d'aiguiller, en essayant divers algorithmes d'apprentissage automatique en tant qu'aiguilleur, ou *méta-apprentisseur*.

Une méthode de construction d'exemples (méta-exemples), de sélection d'attributs (caractérisation) et d'apprentissage (méta-apprentissage) a été réalisée pour concevoir le système aiguilleur. Cette méthode s'applique à un ensemble de données, puis l'utilisation de l'aiguilleur qui en résulte peut se faire à partir d'autres bases de données nouvelles afin d'effectuer des requêtes d'apprentissage automatique et d'en améliorer les résultats.

Une façon d'évaluer cet aiguilleur a été développée de façon à mesurer réellement l'impact de son utilisation, en le comparant à l'utilisation d'un aiguilleur idéal fictif. De cette façon, le système développé a pu faire ses preuves en étant comparé à l'aiguilleur du système Weka-Metal, à un aiguilleur aléatoire, et à un aiguilleur trivial (choix fixe).

6.1 Limites

6.1.1 Paramètres des algorithmes d'apprentissage

Les tests effectués se sont faits sur les algorithmes d'apprentissage automatique en utilisant leurs paramètres par défaut. Ainsi, certains algorithmes ne sont probablement pas configurés de façon optimale pour les données qu'on leur soumet.

Il convient de rappeler que ce système a comme but, entre autres, de permettre à un utilisateur non expert d'effectuer de la découverte de connaissances sur des bases de données. Partant, cet utilisateur ne pourra pas paramétriser l'algorithme utilisé, qu'il ait été choisi de façon automatique ou non.

73

6.1.2   Validité des tests effectués

Les tests ont été faits sur des bases de données multipliées à l'aide de différents choix d'attributs-classe. Ainsi, les méta-exemples en question n'étaient pas complètement indépendants les uns des autres.

Il serait intéressant de vérifier de façon théorique l'impact que de l'interdépendance des méta-exemples a sur la confiance des tests effectués. Il faudrait notammenti évaluer la variance sur les taux d'erreur moyens ajoutés par l'utilisation de l'aiguilleur, car il s'agit de la principale mesure de performance utilisée au cours de ce projet.

6.2   Développements futurs

6.2.1   Interprétabilité des hypothèses apprises selon l'algorithme choisi

Certains algorithmes d'apprentissage automatique émettent, à partir de la base de données qu'on leur soumet, une hypothèse relativement mieux compréhensible par un humain que celles émises par d'autres algorithmes. Par exemple, un utilisateur non expert pourrait préférer un arbre de décision à un réseau de neurones, afin de pouvoir en extraire plus facilement des règles.

Il serait intéressant que le choix d'un algorithme tienne compte de l'expressivité des hypothèses. Certaines techniques d'extraction de règles à partir de divers types d'apprentissage automatique ont été développées, notamment [?] pour les réseaux de neurones. Il serait donc intéressant de les lier à ce système de façon à ce qu'un aperçu des connaissances découvertes soit disponible de façon uniforme après l'apprentissage aiguillé.

6.2.2   Tirer profit des noms des attributs

La caractérisation pourrait se voir dotée d'un nouvel attribut tirant profit du nom donné aux attributs du système; notamment à l'attribut-classe. Par exemple, la sémantique des attributs-classe d'une base de données, ou de ses attributs quelconques, a peut-être un impact sur la façon dont l'apprentissage automatique doit être effectué.

Un ensemble de noms d'attributs courants (par exemple "Âge", "Année", ou "Prix") pourrait être identifié et porter une étiquette spéciale, afin qu'il puisse faire partie de l'hypothèse du méta-apprentissage. Ainsi, l'aiguillage des bases de données subséquentes pourrait tenir compte de la présence ou non de ces attributs dont la sémantique est reconnue.

6.2.3   Plus de tests

Des tests pourraient être faits afin de mesurer l'impact de la modification des différents paramètres du système, par exemple l'importance du temps d'exécution des apprentisseurs. D'autres bases de données pourraient être utilisées comme méta-exemples. De plus, d'autres ensembles d'algorithmes de base pourraient être essayés, notamment des algorithmes permettant des attributs-classe numériques.

6.2.4 Paramétrisation des apprentisseurs

L'aiguilleur pourrait, en plus de choisir l'algorithme, le paramétriser. À cette fin, deux approches sont possibles. Premièrement, une technique pourrait être développée en parallèle au méta-apprentissage pour décider des paramètres sur l'apprentisseur choisi, toujours en fonction de la caractérisation des données sur lesquelles on désire apprendre. Deuxièmement, les apprentisseurs de base pourraient être multipliés par le nombre de leurs configurations possibles.

Annexe A

Les mesures statistiques *Skewness* et *Kurtosis*

La caractérisation des bases de données afin de construire les méta-exemples, telle que décrite à la section 3.2.3, comporte certains calculs statistiques. Deux de ceux-ci, appelés *Skewness* et *Kurtosis*, sont décrits dans cette annexe.

A.1 Kurtosis

Kurtosis (γ_2)= quantification du caractère *pointu* d'une distribution. Son signe donne une idée de la hauteur de sa pointe. Si $\gamma_2 > 0$, la distribution sera dite *leptokurtique*, si $\gamma_2 < 0$, elle sera *platykurtique*, autrement elle sera *mesokurtique*. Elle est estimée empiriquement ainsi :

$$\langle \gamma_2 \rangle = \frac{k_4}{k_2^2}$$

où

$$k_2 = \frac{n}{n-1} \frac{\sum_{i=1} n(x_i - \overline{x})^2}{n}$$

et

$$k_4 = \frac{n^2(n+1)m_4 - 3(m-1)m_2^2}{(n-1)(n-2)(n-3)}$$

où

$$m_1 = \frac{\sum_{k=1}^{n}(x_k - \overline{x})^r}{n}$$

A.2 Skewness

Skewness = quantification du degré d'asymétrie d'une distribution. Son signe donne une indication sur la comparaison entre *queue inférieure* de la distribution et le maximum. Son estimateur est défini par la relation suivante :

$$\langle \gamma_1 \rangle = \frac{k_3}{k_2^{3/2}}$$

où :

$$k_2 = \frac{n}{n-1} \frac{\sum_{i=1} n(x_i - \overline{x})^2}{n}$$

et

$$k_3 = \frac{n^2}{(n-1)(n-2)} \frac{\sum_{i=1}^n (x_i - \overline{x})^3}{n}$$

Bibliographie

[BFOS84] Leo Breiman, J. H. Friedman, R. A. Olshen, and C. J. Stone. *Classification and Regression Trees.* Statistics/Probability Series. Wadsworth Publishing Company, Belmont, California, U.S.A., 1984.

[BS00] P. Brazdil and C. Soares. Zoomed ranking : Selection of classification algorithms based on relevant performance information, 2000.

[CN89] Peter Clark and Tim Niblett. The cn2 induction algorithm. *Machine Learning*, 3 :261–283, 1989.

[CS93a] Philip K. Chan and Salvatore J. Stolfo. Toward Parallel and Distributed Learning by Meta-Learning. In *Working Notes AAAI Workshop Knowledge Discovery in Databases*, pages 227–240, Washington, DC, 1993.

[CS93b] Scott Cost and Steven Salzberg. A weighted nearest neighbor algorithm for learning with symbolic features. *Machine Learning*, 10 :57–78, 1993.

[CS95] Philip Chan and Salvatore Stolfo. A Comparative Evaluation of Voting and Meta-Learning on Partitioned Data. In *The XII International Conference on Machine Learning*, pages 90–98, Tahoe City, California, July 1995.

[eGT94a] Ryszard Michalski et Gheorghe Tecuci. *Machine Learning, a Multistrategy Approach, volume IV*, chapter A Multistrategy Approach to Theory Refinement, pages 141–164. Morgan Kaufmann Publishers inc., 1994.

[eGT94b] Ryszard Michalski et Gheorghe Tecuci. *Machine Learning, a Multistrategy Approach, volume IV*, chapter Classifying for Prediction : A Multistrategy Approach to Predicting Protein Structure, pages 605–619. Morgan Kaufmann Publishers inc., 1994.

[eGT94c] Ryszard Michalski et Gheorghe Tecuci. *Machine Learning, a Multistrategy Approach, volume IV*, chapter Improving a Rule Induction System Using Genetic Algorithms, pages 453–469. Morgan Kaufmann Publishers inc., 1994.

[GS00] Hans Akkermans et al. Guus Schreiber. *Knowledge Engineering and Management, The CommanKADS Methodology.* The MIT Press, 2000.

[LW91]   Nick Littlestone and Manfred K. Warmuth. The weighted major-
          ity algorithm. ucsc-crl-91-28, University of California, Santa Cruz,
          October 1991. Révisé le 26 octobre 1992.

[Qui90]   J. R. Quinlan. Induction of decision trees. In Jude W. Shavlik and
          Thomas G. Dietterich, editors, *Readings in Machine Learning*. Mor-
          gan Kaufmann, 1990. Originally published in *Machine Learning*,
          1 :81–106, 1986.

[Qui93]   J. Ross Quinlan. *C4.5 : Programs for Machine Learning*. Morgan
          Kaufmann, San Mateo, CA, 1993.

[WEKa]   Site web de weka. Disponible à http ://www.cs.waikato.ac.nz/ ml/.

[WEKb]   Site web de weka-metal. Disponible à http ://www.cs.bris.ac.uk/ far-
          rand/wekametal/index.html.

Une maison d'édition scientifique

vous propose

la publication gratuite

de vos articles, de vos travaux de fin d'études, de vos mémoires de master, de vos thèses ainsi que de vos monographies scientifiques.

Vous êtes l'auteur d'une thèse exigeante sur le plan du contenu comme de la forme et vous êtes intéressé par l'édition rémunérée de vos travaux? Alors envoyez-nous un email avec quelques informations sur vous et vos recherches à: info@editions-ue.com.

Notre service d'édition vous contactera dans les plus brefs délais.

Éditions universitaires européennes
Dudweiler Landstraße 99
66123 Sarrebruck
Allemagne
www.editions-ue.com